무당삼봉태극권

기의 세계 21

武當三丰 太極拳

무당삼봉태극권

劉嗣傳 지음

금선학회 옮김

여강출판사

저자인
유양 도인
(劉嗣傳),
서문을 쓰신
무당 장문인
(王光德)과
금선학회
최병주 회장
(왼쪽부터)

출간에 부쳐

이 땅에 참된 선도(仙道)문화를 보급하려는 소명의식으로 금선학회를 일반인들에게 개방한 지도 어느덧 여러 해가 지났습니다. 그 동안 유불선(儒佛仙)을 망라해서 많은 수행자들을 만나왔습니다. 일단 도장을 개방한 이상 혼자서만 수행하는 것이 목적이 아니기에 다양한 사람들의 특성과 근기에 맞는 지도방법을 개발하기 위해 노력하다 보니 중국도 여러 차례 드나들었습니다. 또 많은 수행처와 대도인(大道人)들을 만났습니다. 그나마 다행인 것은 그 분들이 저를 이방인으로 대하지 않고 형제처럼 도반처럼 대해주었다는 것입니다. 그것은 모두 제가 선도 수련에 매진한 덕분이라 생각합니다.

저는 그 동안 중국 도가의 발원지인 5대 명산, 즉 종남산 · 화산 · 노산 · 청성산 · 무당산을 모두 돌아보았는데, 그 중에서도 가장 높은 어른이신 왕광덕(王光德) 진인은 제게 특별한 대우를 해주셨습니다. 왕 진인은 저를 중국의 역대 황제들이 무당산을 방문하면 앉게 하던 비밀스런 혈(穴) 자리로 안내해 주셨습니다. 그 곳은 천기와 지기가 한 점에서 만나는 곳이었습니다. 자연에 있는 혈 자리가 몸 속의 혈을 여는 데에 그

토록 큰 힘을 준다는 사실을 새삼 확인했습니다. 현재 무당산에는 약 100여 개의 수행 토굴이 있고, 3,000여 명의 수행자가 열심히 용맹정진하고 있다니, 중국의 저력을 다시 한 번 실감하게 되었습니다.

그 동안 금선학회 회원들과 수련하면서 제게 필생의 소원이 하나 있다면 그것은 종남산에서 수도하셨고 중국에서도 유명한 신라시대의 선인이셨던 김가기(金可記) 신선의 흔적을 발굴하고 그 분을 널리 알리는 일이었습니다. 이제 지금에 와서는 그간의 노력이 서서히 가시화되기 시작하고 있습니다.

한편 그 동안 수련생들을 지도해 오면서 중국인들과 비교해서 느낀 점이 있다면, 한국의 수련생들은 정공(靜功)에 강하고 동공(動功)에 약한 반면 중국의 수련생들은 대체로 그 반대라는 사실이었습니다. 중국은 기공이나 가전무술이 널리 보급되어 신체연마가 하나의 생활문화로 자리잡은 대신 한국은 좌선(坐禪) 중심의 수행 문화가 뿌리를 깊게 내려, 몸을 움직이면서 수행하는 문화는 천착되지 않은 것 같습니다. 이번 기회에 오랜 인연을 맺어 왔고 도가 문화에 대해 서로 깊은 교류가 있었던 유양 도인(留陽道人)의 태극권이 책으로 나와 한국 독자들에게 추천사를 쓰게 되니 기쁘기 그지없습니다.

유양 도인은 현역 태극권 무술인으로는 중국에서 명실공히 일인자이며, 무당 장문인(武當掌門人)인 왕광덕 진인의 수제자로서 무당산의 삼봉태극권(三丰太極拳)을 그대로 이어받아 태극권의 원류를 익힌 분이라 할 수 있습니다. 실제로 삼봉태극권은 한국에 알려져 있지 않기에 처음 소개하는 것이 되어 사뭇 그 의의가 크다고 생각합니다.

그리고 이 자리를 빌어 평소에 많은 배려를 아끼지 않으신 루관대의 임법융(任法融) 진인에게도 감사를 드리는 바입니다. 아무쪼록 본인의 조그마한 소원이 결실을 보아 중국 역대 신선 중 한 분으로 꼽히시며 당나라 조정 대신들의 눈앞에서 우화등선(羽化登仙)하신 김가기 신선을 널리 알려 한국의 선도 문화가 꽃필 수 있게 되기를 바랍니다. 이 책을 번역하신 유희설 관장에게도 다시 한 번 감사의 뜻을 전합니다. 오로지 선도 수련에 매진하는 모습은 후학들의 귀감이 될 것입니다.

끝으로, 삼봉태극권을 통해 명(命)을 연마하면서 동시에 마음을 닦는다면 명실공히 성명쌍수(性命雙修)를 이루어 대도(大道)를 성취하는 길의 한 갈래가 되는 데에 부족함이 없을 것입니다.

2001년 8월

금선학회 회장 현문(玄門) 최병주 배상

차례

출간에 부쳐 · 5
임법융(任法融)의 서문 · 12
왕광덕(王光德)의 서문 · 14

제1장 태극권과 도교 · 17

제1절 태극권과 도교 · 19

1. '태극'이란 단어의 출현 · 19
2. 태극권의 명명 · 20
3. 도교의 태극진인(太極眞人)과 태극권 · 22

제2절 태극권과 태극도 · 26

1. 태극도의 출현 · 26
2. 태극도와 도가, 도교 · 27
3. 『태극도설』과 『태극권론』 · 29
4. 태극도와 태극권 · 31

제3절 도교와 태극권 · 35

1. 도교와 도교무술의 관계 · 35
2. 도교의 제례의식과 태극권 · 37
3. 노장사상과 태극권의 원리 · 41

제4절 도교의 내단술과 태극권의 내공 · 46

1. 도교 내단술의 성립과 동시기의 태극권 내공 · 46
2. 도교 내단술과 태극권의 직접적 관계 · 49
3. 도교 내단술과 태극권 내공의 공법원리 및 수련과정 · 54

제2장 무당삼봉태극권에 대하여 · 71

제1절 무당삼봉태극권의 원류 · 73

1. 무당삼봉태극권의 출현 · 73
2. 장삼봉의 평생과 창권(創拳) · 75
3. 도교무당삼봉태극권의 전승상황 · 84

제2절 무당삼봉태극권의 특색 · 89

1. 대도와 함께 수련하는 자연법칙 · 89
2. 안을 중시하고 밖을 중시하지 않는 신(神)과 의(意)의 훈련 · 92
3. 태극의 규율에 부합되는 운동 · 97

제3절 무당삼봉태극권에 대한 간단한 소개 · 101

1. 세 가지 형식 · 102
2. 세 종류의 도리(道理) · 103
3. 세 단계의 공부 · 104
4. 세 종류의 경력(勁力) · 106
5. 삼급의 수련법 · 107

제3장 무당삼봉태극권의 내용 · 111

제1절 행공에 필요한 보조공법 · 113

1. 태극행공설(太極行功說) · 114
2. 태극행공가(太極行功歌) · 115
3. 태극행공(太極行功) 조공(早功) · 116
4. 태극행공(太極行功) 오공(午功) · 117
5. 태극행공(太極行功) 만공(晩功) · 118

제2절 기본공의 단련방법 · 120

1. 장공(樁功) · 121
2. 참장공(站樁功) · 122
3. 장보공(樁步功) · 125
4. 활보장공(活步樁功) · 127

제3절 형체(形體)에 대한 요구 · 129

기본기술 · 129

제4절 권보의 명칭과 동작의 설명 · 141

1. 무당삼봉태극권 권보의 명칭 · 141
2. 무당삼봉태극권의 동작 설명 · 144
3. 무당삼봉태극권의 동작 그림 · 145

0) 예비식 · 145
1) 태극기세(太極起勢) · 149
2) 전신붕장(轉身掤掌) · 151
3) 남작미식(攬雀尾式) · 153
4) 순랍단편(順拉單鞭) · 158
5) 제수상식(提手上式) · 161
6) 백학양시(白鶴亮翅) · 163
7) 누슬요보(摟膝僚步) · 165
8) 수휘비파(手揮琵琶) · 167
9) 백학양시(白鶴亮翅) · 168
10) 누슬요보(摟膝僚步) · 168
11) 수휘비파(手揮琵琶) · 170
12) 전신순장(轉身順掌) · 170
13) 반란추식(搬攔捶式) · 171
14) 여봉사폐(如封似閉) · 173
15) 십자피홍(十字披紅) · 175
16) 좌고우반(左顧右盼) · 176
17) 쌍탐분장(雙探分掌) · 178
18) 남작미식(攬雀尾式) · 179
19) 사주단편(斜走單鞭) · 181
20) 주저간추(肘底看捶) · 181
21) 좌도연후(左倒攆猴) · 183
22) 우도연후(右倒攆猴) · 184
23) 작보비룡(鵲步飛龍) · 185
24) 유신제수(揉身提手) · 188
25) 백학양시(白鶴亮翅) · 188
26) 진보쌍장(進步雙掌) · 188
27) 해저로월(海底撈月) · 189
28) 번신과해(翻身過海) · 191
29) 별신벽추(撇身劈捶) · 191
30) 전반란추(轉搬攔捶) · 192
31) 상보봉폐(上步封閉) · 194
32) 진람작미(進攬雀尾) · 194
33) 순랍단편(順拉單鞭) · 195
34) 좌우운수(左右運手) · 195
35) 단편휘출(單鞭揮出) · 198
36) 고탐마식(高探馬式) · 199
37) 십자분각(十字分脚) · 200
38) 분파등퇴(分擺蹬腿) · 201
39) 진보재추(進步栽捶) · 202
40) 별신벽추(撇身劈捶) · 203
41) 진반란추(進搬攔捶) · 204
42) 제슬등퇴(提膝蹬腿) · 205
43) 요보양나(要步亮拿) · 206
44) 금계독립(金鷄獨立) · 207
45) 피신타호(披身打虎) · 207
46) 십자등퇴(十字蹬腿) · 209
47) 쌍수삽장(雙手插掌) · 209
48) 쌍풍관이(雙風貫耳) · 210
49) 개합채수(開合採手) · 211
50) 선풍파퇴(旋風擺腿) · 211
51) 휘수비파(揮手琵琶) · 213
52) 전반란추(轉搬攔捶) · 213
53) 여봉사폐(如封似閉) · 213
54) 십자피홍(十字披紅) · 213
55) 좌고우반(左顧右盼) · 213
56) 쌍탐분장(雙探分掌) · 214
57) 남작미식(攬雀尾式) · 214
58) 사주단편(斜走單鞭) · 214
59) 야마분종(野馬分鬃) · 214
60) 남작미식(攬雀尾式) · 217
61) 순랍단편(順拉單鞭) · 217
62) 옥녀천사(玉女穿梭) · 217
63) 진람작미(進攬雀尾) · 221
64) 순랍단편(順拉單鞭) · 221
65) 운수비발(雲手臂發) · 221

66) 상향단편(相向單鞭) · 221
67) 회두복식(回頭扑食) · 221
68) 단봉조양(丹鳳朝陽) · 225
69) 화수소각(化手掃脚) · 225
70) 일주경천(一柱擎天) · 226
71) 좌우연후(左右攆猴) · 227
72) 작보비룡(鵲步飛龍) · 227
73) 회신제수(回身提手) · 228
74) 백학양시(白鶴亮翅) · 228
75) 쌍화침장(雙化沈掌) · 228
76) 해저로월(海底撈月) · 228
77) 번신과해(翻身過海) · 228
78) 이룡희주(二龍戲珠) · 228
79) 병보반란(幷步搬攔) · 229
80) 상보봉폐(上步封閉) · 229
81) 남작미식(攬雀尾式) · 230
82) 순주단편(順走單鞭) · 230
83) 운수비발(雲手臂發) · 230
84) 단편하세(單鞭下勢) · 230
85) 백사토신(白蛇吐信) · 230
86) 화장엄주(化掌掩肘) · 231
87) 개합파퇴(開合擺腿) · 232
88) 진보지당(進步指襠) · 234
89) 진람작미(進攬雀尾) · 235
90) 단편순장(單鞭順掌) · 235
91) 운수단편(雲手單鞭) · 235
92) 고탐마식(高探馬式) · 235
93) 사천차퇴(斜穿叉腿) · 236
94) 쌍화루보(雙化摟步) · 237
95) 대안조수(大雁操水) · 237
96) 전신지당(轉身指襠) · 238
97) 원보람의(圓步攬衣) · 239
98) 구말순장(勾抹順掌) · 239
99) 운수단편(雲手單鞭) · 239
100) 퇴창망월(堆窓望月) · 239
101) 상보칠성(上步七星) · 241
102) 퇴보과호(退步跨虎) · 242
103) 쌍선파련(雙旋擺蓮) · 242
104) 만궁사호(彎弓射虎) · 244
105) 단봉조양(丹鳳朝陽) · 244
106) 독립반추(獨立搬捶) · 246
107) 여봉사폐(如封似閉) · 247
108) 십자화수(十字化手) · 247

제5절 대극퇴수(太極推手) · 250

1. 태극퇴수의 설명 · 250
2. 사정퇴수법 · 252
3. 사우퇴수(四隅推手) · 255

저자 후기 · 261

임법융(任法融)의 서문

태극(太極)의 뜻은 아주 크니 음양(陰陽)을 말하는 것이다. 자연계에서는 음양의 진퇴(進退)나 굴신(屈伸), 비거나 가득 참 등에 의해 만물이 생장수장(生長收藏)의 변화를 하게 된다. 사람과 하늘은 원래 하나이니 태극의 도를 얻으면 건강하게 장수할 수 있을 뿐만 아니라 무궁한 묘용(妙用)을 가지게 된다.

도교의 성전(聖典)인 『노자』에서는 "만물은 음을 등에 지고 양을 끌어안고 있다"고 했고, 『장자』「대종사(大宗師)」에서 도의 형태를 묘사하면서 탄식하기를 "태극의 앞에 있으나 높지 않고, 육극(六極)의 아래에 있으나 깊지 않다"고 하였다. 도경(道經)에 또 이르기를 "남자는 깨끗하고 여자는 탁하다. 남자는 움직이고 여자는 고요하다. 근본을 끌어내리고 말(末)로 움직여 가서 마침내 만물을 낳는다"고 했으니, 도가에서 말하는 도 - 태극 - 음양의 관계는 만물의 조종(祖宗)이다. 태극은 도가 수련을 증험(證驗)하는 유일한 이론법칙으로 인간의 원정(元精; 陰)[1]과 원신(元神; 陽)[2]이 그 속에 깃들여 있어 불가사의한 묘법을 연출하는데, 태극권술은 이 이론을 근거로 삼고 있다. 태극의 문화는 과거부터 현재까지 인류의 자연과학이자 사회철학이었으며, 양생가와 무술계가 연구하는 영원한 주제이기도 하다.

태극권술의 발전은 도가와 도교가 널리 보급되는 것과 궤를 같이한다. 태극권은 황제와 노자로 이어지는 양생술과, 갈홍 선사의 법을 잇고 장삼봉(張三丰) 조사의 내단 성취를 바탕으로 도가의 종풍을 계승하고 도교의 법맥을 이어 만들어졌고, 지금까지도 널리 알려져 있는 우수한 권종(拳種)이다.

근년에 루관대의 유사전도장이 입도한 이래로 현학(玄學)을 참구(參究)하는 과정에서 무당삼봉파의 진전을 얻어, 노자가 도덕경을 강의한 루관대에서 윤진인의 청정한 지도 아래 고심으로 연구하고 단련하여 태극의 묘용에 대해서 얻은 바가 적지 않다.

이 책의 주된 논지는 태극권의 최고 근본이 되는 이론과 방법에 대한 것이기 때문에 애호가 여러분들이 태극권을 단련하는 데에 있어 크나큰 도움이 되리라 믿는다.

이에 급하게 서문을 적으니 강호제현의 질책을 기다린다.

진국정협위원
중국도교협회 부회장
협서성 도교협회 회장
루관대 도관 감원
임 법 융
1999년 9월 9일

---

1) 원정(元精) : 생명(生命)의 근본(根本), 원기(元氣)의 정화(精華) 등을 일컫는다.
2) 원신(元神) : 선천(先天)의 본성(本性).

왕광덕(王光德)의 서문

『황제내경(黃帝內經)』의 「소문(素問)」에 이르기를 "상고시대의 성인은 도를 알고 음양의 법을 따르기 때문에 망령되이 움직이는 법이 없고, 형체와 신이 모두 온전하여 천수를 누리지만, 당금의 속인들은 스스로 만족할 줄 모르고 스스로 신(神)을 다스릴 줄 몰라서 욕망에 따라 정(精)[1]을 소비하고 마음이 오로지 쾌락을 쫓아가 참됨을 잃어버리니 오십이 되어 이미 노쇠해 버린다"고 하였다.

정(精)을 단련하여 기(炁)[2]를 만들고, 기를 단련하여 신(神)[3]으로 변화시키며, 신을 단련하여 허공으로 돌아가고, 허공으로 돌아가 도와 하나

---

1) 정(精) : 인체 생명활동의 기본물질. 광의(廣義)로는 인체(人體)의 정(精)을 말하는 것으로 오장(五臟)의 정(精)을 포함하고 있다. 협의(俠義)로는 생식(生殖)에 관련 있는 정(精)만을 뜻한다.

2) 기(炁) : 인체 생명활동의 기본물질. 자연상태의 기(氣)와 구별하기 위하여 사용하는 글자이다.

3) 신(神) : 사람의 사상과 의식활동, 지각, 운동 등 생명활동 현상의 주재자(主宰者) 이다. 신(神)은 선천(先天)의 정(精)에 의해서 만들어지며 음식에서 얻어지는 정기(精氣)에 의해서 영양(營養)을 받는다.

가 된다. 사람 몸의 삼보(三寶)인 '정(精), 기(氣), 신(神)'을 단련하는 것은 사람의 몸과 혼백을 튼튼하게 하고 정신을 충만하게 하여 수련자의 지혜를 계발하고 보통사람들이 하지 못하는 일들을 가능하도록 하는 도가 수련의 정수이다.

선조(先祖)인 삼봉 진인이 참새와 뱀이 서로 싸우는 것을 보고 강유(剛柔)가 생극제화(生克制化)[4]하는 원리를 깨달아, 도가의 수련 방법과 합쳐서 무당에서 태극권을 창시하였다. 동정(動靜)이 결합되어 있고 내외(內外)를 같이 수련하는 법으로, 그 권(拳)이 마치 용이 구름을 타고 오르듯이 하고, 호랑이가 바람을 빌어 위풍을 나타내는 것과 같으니 세인의 주목을 받기에 충분하다고 하겠다.

태극권법은 부드러움으로 강함을 제약하고, 고요함으로 움직임을 그치게 만들며, 나중에 발하지만 먼저 적을 제압하고, 사량(四兩)의 힘으로 천근(千斤)을 뽑아내는 무술로 무기(武技)의 정화가 모여 있는 것이다. 아울러 육합(六合)[5]의 기운을 다스리고 승강(昇降)의 법을 좇아가니 진실로 양생(養生)하는 기술이요, 사람의 잠재능력과 지혜를 개발하게 하는 선도 수련의 단계이기도 하여, 천 수백 년의 세월을 거치며 십여 종이 전해져 왔다. 그러나 아쉽게도 지금은 무술로서의 태극권이 중시되고 있는 실정이다.

무당태극권은 장삼봉 조사가 13세(勢)를 창안한 이래 역대 조사들의 부단한 노력과 연구에 의해 발전하여 지금은 백팔 식이 되어 현문(玄門)에서 일맥으로 전수되고 있으며, 비록 무술로서의 체(體)를 가지고 있지

---

4) 생극제화(生克制化) : 오행의 상생상극과 그 변화를 말한다.
5) 육합(六合) : 전후, 좌우, 상하의 여섯 방위. 공간 전체를 나타낸다.

만 수양 방면의 용(用)을 더욱 중시하고 있다. 유청복〔嗣傳〕은 어릴 때부터 선연(善緣)이 있어 나의 문하로 입문하여 무당삼봉파 제14대 현예(玄裔) 제자가 되었다. 그는 도를 사랑하고 배우는 것을 즐기며 성격이 충후하고 소박하기에 태극권 백팔 식을 전수받게 되었으며 수년 동안 열심히 연구하고 단련하여 그 묘함을 깊이 체득하였다.

지금에 이르러 이렇게 책을 만들어 세상에 내놓으니 진리를 간단하게 밝히는 공덕을 쌓는 장거이다.

이에 서문을 써서 격려하고자 한다.

전국정협위원
중국도교협회 부회장
호북성 도교협회 회장
무당산 도교협회 회장
왕 광 덕
2000년 8월 26일

제1장

태극권과 도교

제1절 · 태극권과 도교
제2절 · 태극권과 태극도
제3절 · 도교와 태극권
제4절 · 도교의 내단술과 태극권의 내공

제1절 태극권과 도교

태극권은 중국 고대 도가철학의 원리인 음양학설과 오행팔괘가 변화하는 방법을 인체 내외의 운행 규율과 결합시켜서 강함과 부드러움이 함께하고, 움직임과 고요함이 서로 맞물려 있는 가운데 신체를 강하게 단련하며 스스로의 몸을 지키는 무술의 종류이다. 또한 태극권은 심오하고도 독특한 이론적 기초와 인체과학 원리를 가지고 있으니, 바로 '역(易)'과 '도(道)'의 정수이다. 태극권은 역대 도가나 도교와 떨어질 수 없는 밀접한 관계를 유지해 왔다. 그 연원은 대단히 오래되어 거슬러 올라가다 보면 고대의 양생과 무술이 구분되기 이전의 시대까지 이르게 된다. 그리고 지금은 세상에서 가장 많이 알려져 있는 무술의 하나가 되었다.

1. '태극'이란 단어의 출현

'태극(太極)이란 단어는 『장자』「대종사(大宗師)」에서 "무릇 도라는 것은 태극보다 먼저 있지만 높지 않고, 육극의 아래에 있지만 깊지 않다"고 하여 처음 사용되었다. 여기서 태극은 도의 성질과 상태를 가리킨다. 또

『주역』「계사(繫辭)」에서는 이르기를 "역에는 태극이 있어서 양의(兩儀)[1]를 낳고, 양의는 사상(四象)[2]을 낳으며, 사상은 팔괘(八卦)[3]를 낳는다"고 했는데, 여기서의 태극은 지고무상한 우주의 본원을 말한다. 천지와 음양은 태극에서 갈라져 나와 생겨난 것이다.

이후 이 태극학설은 점점 도가와 그에 따라 파생된 종교인 도교에 의해 흡수되어 제일 높은 우주 본체의 이론체계를 구성하게 되었다. 『주역』과 도가, 도교의 원시적인 태극관은 서로 뒤섞이며 융합되다가 나중에 송대 성리학에 직접적인 영향을 주어 태극이 바로 도(道)이고, 태극이 바로 이(理)이며, 태극이 바로 마음[心]이라는 일종의 태극도학관을 형성하게 되었다. 따라서 당・송 시대, 특히 송나라 이후의 문화사상과 전통문화의 개념 속에는 태극이 바로 도라는 관념이 자리잡히게 되고, 태극의 이념은 길고 긴 역사 속에서 중요한 위치를 점하게 되었다.

2. 태극권의 명명

따라서 철학가나 사상가들이 태극의 이론으로 세상 만물의 어떠한 특징이나 특성을 설명하려고 했을 뿐만 아니라, 수련가나 무술가들 역시 태극에서 우주의 변화에 대한 패턴을 인식하고 천인합일(天人合一)의 자연의 도(道)를 깨달아 도와 무술의 근원이 하나임을 인식하고, 권(拳)으로 도를 펼치는 것이 가능하다고 여겨 이름을 태극이라고 붙이게 되었다. 그리고 태극을 기초원리로 하여 박대정심(博大精深)한 권학(拳學)과 수련의 경지

---

1) 양의(兩儀) : 태극을 이루는 음양을 말한다.
2) 사상(四象) : 노양(태양), 소양, 소음, 노음(태음)을 말한다.
3) 팔괘(八卦) : 주역 중의 여덟 가지(乾, 兌, 離, 震, 巽, 坎, 艮, 坤) 도형을 말한다.

를 표현하고자 하였다.

'태'는 '크다, 지극하다'는 뜻이고 '극'은 '시작 혹은 정점, 또는 극한'이란 뜻을 가지고 있는데, 이를 빌어 최고급의 최대의, 또는 극한에 이른 필적할 상대가 없는 권술, 혹은 지고무상하고 천지만물을 망라한 무술이라는 뜻을 가진다. 태극은 지극하다는 뜻을 가지고 있기 때문에 지극히 큰 것, 지극히 작은 것의 시공 극한을 포괄하며, 밖으로 보내면 육합에 가득 차고, 거두어들이면 마음 속에 숨길 수 있으며, 밖이 없을 정도로 크고 안이 없을 정도로 작다. 따라서 태극권은 '변화만단(變化萬端)'·'수변무궁(隨變無窮)'이라고 불리며, 이에 따라 "태극권은 세상에 존재하는 모든 무술의 어머니이다"라는 말도 가능하게 된다.

만약 일반적인 권술이 인체의 외형적인 자세가 운동을 하고 있는 형태라면, 태극권은 인체 내부 생리의 음양에 관계하는 규율이다. 태극관(太極觀)에서는 인체가 본래 하나의 태극체라고 생각하는데, 예를 들면 외부와 머리는 양으로 하늘이고 다리는 음으로 땅이다. 이와 함께 몸의 임독(任督) 이맥(二脈)과 장부는 모두 음양과 오행의 대조로 해석하는 것이 가능하다. 이러한 인체의 태극관은 직접적으로 전통 중의학과 경락학, 의역학(醫易學) 등의 중요한 이론적 근거가 되었다. 그리고 태극권학〔動功〕과 내단학〔靜功〕이라는 쌍둥이 형제는 전통 양생학을 이루는 커다란 수춧놀이 되었다. 뿐만 아니라 외부적인 신체의 움직임 또한 음양으로 나눌 수 있으니, 전후(前後), 좌우(左右), 허실(虛實), 상하(上下) 및 서로 변하는 대칭적인 평형 등이 그것이다. 동시에 겉으로 가장 많이 드러나는 것이 태극권이 원의 운동이라는 것이다. 태극권의 내공에 관해 말한다면, 더욱 태극이라는 이름을 붙인 것에 대한 고명함에 놀라게 된다. 태극권은 거의 유일무이하게 부드러운 것으로 강함을 제압하는 것을 전문으로 하는 무술이어서 부드러움을 나타내는 실력은 이론이나 실천 모두에 있어서 다른 무술이 여기에 미치지 못할 뿐만 아니라, 태극권의 강함은 내공이 고급의 단계에 진입하여 도(道)와 합일되었을 때 나타나는 산물로, 다만 태극혼원공(太極混元功)[4]이 노화순청(爐火純青)의 경지에 이르러서야 필적할 것이 없는 지극한 권술을 이루게 된다.

3. 도교의 태극진인(太極眞人)과 태극권

정식으로 태극권이라는 이름이 세간에 유행하게 된 정확한 시점은 이미 알 수 없게 되었다. 그러나 여러 군데에 흩어져 있는 사료나 서적 등에 의하면 도교 내에서 전해진 지는 상당히 오래 되었음을 알 수 있다. 일찍이 삼국시대에 이미 도가와 도교 인사들이 태극과 권술을 관련시켜 거론하였음을 알 수 있다. 수많은 경전들로 이루어진 『정통도장(正統道藏)』을 보면 태극이라는 글자를 아주 쉽게 발견할 수 있는데, 제일 확실한 증거는 『태극갈선공전(太極葛仙公傳)』(『정통도장』 제11책 700쪽)에 실린 양나라 때의 도홍경(陶弘景)이 쓴 「오태극좌선공갈공지비(吳太極左仙公葛公之碑)」라는 글이다. 이 글에 보면 삼국시대 오나라 사람인 갈현(葛玄)이 '태극진인' 혹은 '태극선옹', '태극좌선공'이라 존칭되었으며(갈현은 도교 각곤산종(閣昆山宗)의 조사이기도 하다), 손자인 갈홍(葛洪)이 1대 종사(宗師)로 자라날 수 있도록 많은 학문과 영보도법(靈寶道法)을 전수했다고 하는데(갈홍 역시 태극선옹으로 불린다), 태극권을 비롯한 여러 법문(法文)과 자료들이 그것을 증명하고 있다. 이미 우리가 알고 있는 것처럼 일찍이 위진 시대부터 무술과 무기의 투로(套路)나 비법에 관한 구결들이 존재했는데, 이들은 모

4) 태극혼원공(太極混元功) : 태극권의 참장(站樁)에서 얻어지는 공력(功力).

두 아주 엄격한 도교의 배사(拜師) 과정을 거치며 계속 전수되었고, 도교의 세습과 연관되어 갈홍이 태극선옹으로 불리고 그 자손들이 태극법문을 세습해 왔다. 갈홍이 전수받은 여러 비전(秘典)들은 비록 공개적으로는 태극법문이라고 하지만 사실은 태극권법이라는 것이 아래의 몇 가지 사실로 증명된다 하겠다.

(1) 도교나 도가에서는 모두 무기를 사용한 무술을 최고의 경지로 여기지 않고 신선의 술(術)과 같이 보지 않는다. 따라서 갈홍은 『포박자(抱朴子)』 내편(內篇)에서 신선, 방약(方藥) 등의 수련과 관련된 내용들을 기술하면서, 단지 외편(外篇)의 「자서(自敍)」에서만 스스로 무도(武道)에 통달했다고 언급하고 있다. 그리고 갈홍이 한때는 장군으로 전의군(戰義軍), 평반적(平反賊), 살도구(殺盜寇) 등을 거친 것은 모두 그의 무예에 바탕을 둔 것으로, 그가 가전 무술과 스승의 비법을 얻었음을 나타낸다.

(2) 도교는 도법의 전수에 있어서 비교적 보수적인 태도를 취해 왔는데, 많은 기법이나 도술은 비밀리에 전수했고, 심지어는 이름까지 숨기며 일맥으로 단전하는 경우도 많았다. 만약 일단 상당한 권법이 세간에 출현한다면 그 풍파가 상당히 커질 것은 자명한 일이고, 그렇게 된다면 도가의 주요사상인 명리를 멀리하는 것과 위배되게 된다.

(3) 갈홍은 많은 법문과 기예들을 모아 도교사상 공전절후(空前絶後)의 『포박자』 내외편을 기술하여 태극법문의 포용성을 설명했다. 태극선옹의 후인인 갈홍은 여러 스승을 모시면서 많은 법을 배워 1대 종사가 되었는데, 후인들은 주로 그의 내단사상과 관련이 있는 내편에만 주목했을 뿐 외편과 외편에서 언급하고 있는 여러 가지 사실에 대해서는 가볍게 여기고 있다. 갈홍은 『포박자』에서 행기도인(行氣導引)[5] · 존사내시(存思內視)[6] ·

5) 행기도인(行氣導引) : 연공(練功)할 때 자세와 호흡을 배합시키는 방법.

복식외단(服食外丹)[7]·내련금액(內煉金液)[8]·섭생방중(攝生房中)[9]·방기육예(方技六藝)[10] 등의 모든 방면에 걸쳐 언급했는데, 사료에 의하면 이 시기에 소림의 무술 역시 초기의 형태를 갖추고 태동하면서 세간에 알려지기 시작할 때였기 때문에, 이것 역시 태극권의 흡수와 변화에 큰 영향을 주었다.

(4) 태극권법의 내용으로 보아도 태극권의 내공은 『포박자』 내편 중의 많은 공법과 『삼황내문(三皇內文)』·『태청단경(太淸丹經)』·『구정단경(九鼎丹經)』·『금액경(金液經)』·『영보경(靈寶經)』 등의 내용과도 상당한 유사점이 있으며, 정통도장에 들어 있는 수많은 수련방법과도 유사하다. 심지어 갈홍이 전수한 많은 법술과 주문, 제단을 만들고 기도하는 것 등이 비록 겉으로는 규범화된 의식같이 보이지만 사실은 신령을 생각하면서 수행하는 일이거나 아니면 보법을 밟아가며 운동하는 방법이며, 그것도 아니면 두 가지를 결합하여 기술을 단련하고 양생을 이루며 나쁜 기운을 물리치려는 목적을 가지고 있다. 이것들은 모두 문자로 남겨지지 않는 상태에서 비밀리에 전수되었으며, 문자로 남아 있는 것은 단지 표면적인 보조공법일 뿐이다(오늘날 도교 내에서도 이런 전통이 유행하고 있다). 이런 실질적인 수련공법들은 태극법술이라는 이름으로 직접 알려지지 못하고

---

6) 존사내시(存思內視) : 눈을 감고 신체 내부의 한 곳을 바라보며 신(神)을 수련하는 것. 존사의 대상은 일반적으로 체내에 있는 신(神)이나 부위를 택한다. 존사(存思)는 존상(存想)과 같은 뜻이다.

7) 복식외단(服食外丹) : 광물질 등으로 약물을 만들어 먹음으로서 장생(長生)을 추구하는 것.

8) 내련금액(內煉金液) : 금액(金液)은 폐(肺)의 진액(津液)을 말한다. 수련하여 폐의 진액을 단전(丹田)으로 보내는 것이다.

9) 섭생방중(攝生房中) : 섭생과 방중술(房中術).

10) 방기육예(方技六藝) : 여섯 가지 기예(技藝).

오히려 '태극×××법'이나 '태극×××경' 등으로 세상에 알려지게 되었다(예를 들면 <상청태극진인신선경(上淸太極眞人神仙經)>·<태극진인구전환단요결(太極眞人九轉還丹要訣> 등). 이런 상황에서 갈홍이 포박자의 서문에서 밝힌 "검을 단련하여 적과 마주하는 것은 의도적으로 생략했다"라는 말은 아주 정상적인 것이 되고, 이로써 우리는 태극법문 중에 태극권술이 존재했다는 것을 알 수 있다.

(5) 당시에는 권술(拳術)이라는 이름이 상용되지 않았고, '권'이라는 단어는 서로 싸우거나 무예를 겨루는 상황에 한정시켜 사용되었기 때문에, 갈홍이 비록 많은 권법의 기술에 통달했다 하더라도 단지 법만을 언급했을 뿐 권을 언급하지 않았다. 이렇게 됨으로써 태극권법이라는 이름은 장시간에 걸쳐 침묵 속에 잠겨 있었지만, 사실은 유실무명(有實無名)한 상태로 도교의 법술 속에서 자라나고 있었던 것이다.

이것들을 보면 우리는 태극권이라는 이름이 이미 도교가 형성된 뒤 바로 출현했다는 것을 알 수 있다. 이것은 당·송·원·명·청의 무림에 관한 기록들과도 완전히 일치하고 있는데, 단지 앞에서 언급한 것처럼 갈홍이 전한 '비법' 혹은 '장술(杖術)'이나 당나라 때 이백방(李白訪) 등의 '선천권(先天拳)', 송나라 때 장삼봉(張三丰)의 '내가권(內家拳)', 명나라 때 송원교(宋遠橋)의 '삼세칠(三世七)', 청나라 건륭황제 때에 간행된 『태극권경보비본(太極拳經譜秘本)』 등으로 가끔씩 부르는 방법이 달랐을 뿐이다.

제2절 태극권과 태극도

1. 태극도의 출현

태극도는 태극권의 원리와 연원을 연구하는 데에 있어서 아주 중요한 한 장의 그림으로, 천지 만물의 공통적인 규율을 포함하고 있다. 노자가 『도덕경』에서 이르기를 "만물은 음(陰)을 지고 양(陽)을 품으면서 충기로 조화를 이룬다"(42장)고 하였다. 또 "천하의 만물은 유(有)에서 생겨났지만 유는 무(無)에서 생겼다"(40장)고 하였다. 그림으로 진리를 나타내는 것에 익숙해져 있던 옛사람들은 그들이 이해하고 있던 "천하의 만물은 유에서 생겨났지만 유는 무에서 생겼다"는 철리(哲理)를 형상화하여 무극(無極)으로 표시하고, "흰 것을 알고 검은 것을 지키면 천하의 모범이 된다. 천하의 모범이 되면 항상 덕이 이치에 어긋남이 없어 다시 돌아가 무극이 된다"라고 하였다.

도가나 도교의 태극이론에서는 도는 음양을 포함하고 있으며, 음양의 두 기운은 서로 평형과 통일을 통해 조화를 이루고 있는데, 도는 무극이고 음양은 태극이다. 그리고 도는 무(無)이고 음양은 유(有)이다. 음양의 두 기운이 서로 조화를 이룸에 따라 만물이 생겨나고, 두 기운이 서로 끌어당기고 서로 뭉쳐짐에 따라 하나하나의 자연만물이 생성된다. 만물은 모두 음양이 있으며 음양은 서로 함께 존재하는데, 이것이 태극이다.

2. 태극도와 도가, 도교

"이 그림은 전해져온 지 상당히 오래되었다. 그 웅장함과 현묘(玄妙)함이 절대 후인이 위조할 수 없을 정도인데, 대략 노자가 함곡관을 지나갈 때 책 속에 끼워서 함께 가다가 관중에서 남겨둔 것이 도가의 비장(秘藏)이 된 것 같다. 그러던 것이 당·송 이후 점점 세상에 전파되기 시작했다." 이 말은 저명한 학자인 항신재(杭辛齋) 선생이 『역계(易楔)』란 책에서 태극도에 관해 언급한 부분으로, 태극도와 고대 도가의 밀접한 관계를 대표적으로 나타내고 있다고 하겠다.

동한 시대의 도사 위백양(魏伯陽)이 단경(丹經)의 왕이라고 불리는 『주역참동계(周易參同契)』에서 '수화광곽도(水火匡廓圖)'라 하여 공개하니, 이것이 태극도가 처음으로 세상에 나온 것이다. 당나라 때 도교의 도장(道藏) 속에는 '상방대동진원묘경도(上方大洞眞元妙經圖)'라 하여 태극선천도가 그려져 있는데, 이 그림의 앞에는 당명황(唐明皇)의 시문이 적혀 있다(『정통도장』 482~487쪽). 이런 점으로 미루어 보아 태극도는 그 연원이 도가이고 내단(內丹)의 수련에 사용되었음을 알 수 있다. 제일 간단하고도 태극의 뜻을 개괄적으로 표현하고 있는 태극도는 북송 때의 유명한 도사인 진희이(陳希夷)가 그린 것으로, 전설에 의하면 그는 후인들을 위해 '무극도(無極圖)'와 '태극도(太極圖)'를 화산의 석벽(石壁)에 남겼다고 한다. 송나라 때의 성리학자인 주돈이(周敦頤)는 이 학설을 계승하고 도교의 사상과 결합하여 『태극도설(太極圖說)』을 저술하였다. 주희는 태극도의 연원을 "위백양(魏伯陽)의 『참동계』와 진희이(陳希夷)의 학문에 있다"고 밝힌 바 있다. 명청 시대의 대사상가인 황종의(黃宗義)와 그의 제자인 황종염(黃宗炎)은 "주희가 만든 태극도는 본래 하상공(河上公)이 만든 것으로 방사(方士)가 수련하는 법술(法術)이다. 하상공이 붙인 원래 이름은 '무극도'였으나 위백양이 그것을 얻어 『참동계』를 저술했고, 종리권이 그것을 얻어 여동빈(呂洞賓)에게 전했으며, 여동빈은 후에 진희이와 함께 화산에 은거할 때 진희이에게 전하여 석벽에 조각하게 하였다. 진희이는 또 마의(麻衣) 도자에게서 『선천도』를 얻고 이 두 가지를 종방(種放)에게 전수했으며, 종방은 이를 목수와 승려인 수애(壽涯)에게 전하였다. ……주자가 이를 얻어 순서와 이름을 바꾸고 '역(易)'과 관련시켜 유가(儒家)의 비전(秘傳)으로 하였다"라고 하였다. 북송 시대의 주돈이는 유가의 대표적인 인물로 알려져 있지만 역사상의 유명한 철학자들은 삼교(三教)를 두루 통달한 경우가 많았으니, 깊은 유가사상을 담고 있는 『태극도설』이 원래는 도가의 '선천태극도'의 내용에서 변화한 것으로 절대 혼자서 발명한 것이 아니라는 것이다. 우리는 또 진희이가 속해 있던 도교 유룡파(猶龍派)의 계보에서도 이 그림이 도가와 도교의 비조(鼻祖)인 노자와 직접적 혹은 간접적인 관계가 있음을 추측해볼 수 있다. 『삼봉전집(三丰全集)』 「파고기(派考記)」 <도맥(道脈)>에 이르기를 "대도의 연원은 노자에게서 시작되었다. 처음으로 윤문시(尹文始)에게 전해지고 계속 이어오다 다섯 번째에 삼봉 진인에게 전해졌다. 노자의 전수를 받은 사람이 비록 아주 많기는 하지만 그 중 걸출한 인재를 뽑으라고 하면 윤문시와 왕소양(王少陽)이 있다. 그리고 분파와 지파 또한 아주 많아서 윤문시는 마의 도자에게 전하고, 마의는 진희이에게 전하고, 진희이는 화룡(火龍) 진인에게 전하고 화룡은 삼봉(三丰)에게 전한 것이다"라고 하였고, 또 "공자가 노자를 일러 마치 용과 같다고 했기 때문에 유룡파라고 불렸다"고 하였다.

장삼봉의 내단과 태극무학은 비록 민간에 어느 정도 알려져 있지만 지금까지도 비밀스럽게 전수되어 오고 있다. 도교의 내부, 민간무술파, 은선유룡파 등에서는 모두 장삼봉을 태극권을 만든 비조라고 생각하는데 이것은 그가 태극권을 집대성하고 이것을 세상에 알렸기 때문이다.

3. 『태극도설』과 『태극권론』

송나라 때는 태극학설이 널리 유행하던 시기였다. 이것은 동시대에 도교가 크게 흥했던 것과도 연관이 있어 보인다. 주돈이의 『태극도설』로 대표되는 태극학설의 발전은 이미 새로운 것을 창조하는 경지에 이르렀고, 동시에 태극권의 이론과 실천은 장삼봉에게서 집대성되어 후대로 전해지게 되었다. 아울러 이 시기는 중국무술이 급속하게 발전하던 시기이기도 하였다〔악가권(岳家拳)이나 태조장권(太祖長拳), 소림권(少林拳)이 널리 알려진 것 등은 좋은 예이다〕.

송나라 말엽의 무당 도인이었던 장삼봉은 진희이가 무당에서 이십여 년을 은거하고 있던 동안 그에게서 유룡파의 것을 포함한 수많은 공법을 전수받았는데, 어느 날 까치와 뱀이 서로 싸우는 것을 보고 영감을 얻어 『태극권경』을 저술하게 되었다.

우선 『태극권경』의 내용을 일부 살펴보자.

"태극은 무극에서 생겼는데, 고요함과 움직임의 기틀이 되고 음양의 어머니가 된다."

"태극의 앞에는 본래 무극이 있다. 가볍고 무거운 기가 서로 합쳐져 혼란 중에서 분리되지 않고 있어 무극이라 하는데, 이는 태극의 어머니로 만물의 선천지기를 말한다. 두 기운이 갈라지고 하늘과 땅이 드러나면 태극이 된다……."

"사람의 삶은 모두 신(神)과 기(氣)에 의지하게 되는데, 기는 가벼워서 위로 뜨니 하늘과 다름이 없고, 신은 응결되어 안으로 수렴되니 땅과 다르지 않다. 신과 기가 서로 교류하게 되면 태극이 이루어진다. 이에 특별히 나의 태극권법을 전수하고자 하니 그대들은 반드시 태극의 오묘한 진리를 먼저 밝히도록 하라. 만약 그렇지 않다면 나의 제자가 아니다."

"태극권이라고 하는 것은 고요함이 마치 움직이는 것과 같고, 그 움직임이 마치 고요히 머물러 있는 것과도 같다. 이렇듯 동정이 서로 끊임없이 순환하면 음양의 두 기운이 서로 교류하여 태극의 상이 나타나게 된다. 신을 안으로 수렴하고 밖으로는 기를 모은다. 권이 도달하기 전에 뜻이 먼저 가는데, 뜻은 신의 움직임이다."

"태극권은 모두 13가지의 세(勢)가 있는데, 붕(掤)・리(履)・제(擠)・안(按)・채(採)・열(挒)・주(肘)・고(靠)・진보(進步)・퇴보(退步)・우고(右顧)・좌반(左盼)이 그것이며, 이는 팔괘와 오행의 생극(生克)이다. 허령(虛灵)[11]・함발(含拔)[12]・송요(松腰)[13]・분허실(分虛實)[14]・침추(沉墜)[15]・용의불용력(用意不用力)[16]・상하상수(上下相隨)[17]・내외상합(內外相合)[18]・상련부단(相連不斷)[19]・동중구정(動中求靜)[20]이 태극권에서 요구하는 10

---

11) 허령(虛灵) : 잡념(雜念)이 없이 신령(神靈)을 청정(淸靜)하게 함.
12) 함발(含拔) : 본문 133쪽 함흉송요(含胸鬆腰) 참고.
13) 송요(松腰) : 본문 133쪽 함흉송요(含胸鬆腰) 참고.
14) 분허실(分虛實) : 본문 135쪽 분청허실(分清虛實) 참고.
15) 침추(沉墜) : 본문 134쪽 침견추주(沈肩墜肘) 참고.
16) 용의불용력(用意不用力) : 뜻(의념)을 사용하되 무겁고 둔한 힘을 사용하지 않음.
17) 상하상수(上下相隨) : 본문 135쪽 상하상수(上下相隨) 참고.
18) 내외상합(內外相合) : 안과 밖이 서로 영향을 주고받는 것.
19) 상련부단(相連不斷) : 서로 이어져 끊어짐이 없는 것.
20) 동중구정(動中求靜) : 움직이는 가운데 고요함을 추구하는 것.

가지 기본요령이며, 공부하는 사람들의 불이법문(不二法文)이다. 태극권을 배우는 것은 입도(入道)의 기본이 되니, 입도라고 하는 것은 마음을 닦고 성(性)을 기르며 기를 모으고 신을 수렴하는 것을 위주로 해야 한다. 따라서 태극권을 배우는 것도 이와 같은데, 만약 마음이 안정되지 못하면 성이 흔들리고, 기가 모이지 않으면 신이 혼란해진다. 심(心)과 성(性)이 서로 이어지지 못하고 신과 기가 서로 교류하지 않으면, 전신의 사지백해(四肢百骸)가 모두 죽은 상태가 되어버리고, 비록 겉으로는 정해진 노선을 따라 움직여 간다 하더라도 아무 효과가 없게 된다."

『태극도설』은 본래 삼교(三教)의 가르침이 하나로 되어 있는 것으로 불교나 도교의 사상을 빌어 유가의 경전인 『주역』을 해석했고, 더불어 작자 자신의 도학사상을 집어넣은 것인데, 그 중에는 도가철학 사상이 가장 많이 함유되어 있다. 『태극권경』은 도가의 음양태극 이론으로 인체와 권술(拳術)의 관계를 설명하고, 수련법에 대한 이론적 근거를 삼는다. 이 두 권의 책은 서로를 보충하는 의미를 가지고 있는데, 하나는 태극도를 빌어 만물의 이치를 설명하는 것이고, 다른 하나는 인체에서 태극권을 수련하는 방법을 적은 것이다.

4. 태극도와 태극권

태극권은 비록 간단한 상형권(象形拳)은 아니지만 태극도의 형상인 '원(圓)'을 빌어 음양으로 태극권의 이치와 방법을 설명하고 있다. 태극도와 태극권은 모두 변화가 많고 움직임이 자유로운 원의 형태를 빌리고 있다. 태극도는 화합과 통일, 대립과 평형을 나타내는 아름다운 그림으로, 중국 전통 철학사상의 정화이다. 이는 태극권에도 잘 나타나 있는데, "한번 움직이면 전체가 움직이지 않는 곳이 없다", "한번 당기면 전신이 움직인다" 등은 태극권의 정체성을 잘 드러낸 것이다. 원의 내부에 S자 모양으로 그려져 있는 것은 음양의 양의(兩儀)를 표현하는 것으로 역학에서는 건곤(乾坤)이라고 부른다. 흰 부분은 양을 상징하는 것으로 움직임을 표현하고 하늘을 대표하며, 태극권에서는 강(强)·실(實)·위쪽·들어감을 뜻한다. 검은 부분은 음을 상징하는 것으로 고요함으로 표현되고 땅을 대표하며, 태극권에서는 약(弱)·허(虛)·아래쪽·물러남 등을 의미한다. 태극의 모양은 한쪽에서는 큰 것에서부터 작아지고, 다른 쪽에서는 작은 것에서부터 커진다. 노자는 이것을 일컬어 "만물은 음을 등에 지고 양을 안고 있으며, 충기(沖氣)로써 조화를 이룬다"라고 하여 음양의 대립과 통일에 대해 설명했는데, 이것은 그대로 태극권의 법칙이 되어 개합상우(開合相寓)[21]·허실호환(虛實互換)[22]·강유상제(剛柔相濟)[23]·쾌만상간(快慢相間)[24]·음양호잉(陰陽互孕)[25]·상호소장(相互消長)[26]·점수호보(粘隨互補)[27]·피소차장(彼消此長)[28]·봉상필하(逢上必下)[29]·봉하필상(逢下必上)[30] 등으로 나타나며, 아울러 전진하는 동시에 손을 뒤로 빼는 동작

21) 개합상우(開合相寓) : 여는 것과 닫는 것이 서로 연결되는 것.
22) 허실호환(虛實互換) : 허와 실이 서로 바뀌는 것.
23) 강유상제(剛柔相濟) : 굳셈과 부드러움이 조화를 이루는 것.
24) 쾌만상간(快慢相間) : 움직임이 빠른 것과 느린 것이 함께 하는 것.
25) 음양호잉(陰陽互孕) : 음과 양이 서로의 근본이 되는 것.
26) 상호소장(相互消長) : 음양이 서로 상대적으로 커지고 작아지는 것.
27) 점수호보(粘隨互補) : 달라붙는 것과 따라가는 움직임이 서로 보충을 이루는 것.
28) 피소차장(彼消此長) : 한쪽이 커지면 반대쪽이 상대적으로 작아지는 것.
29) 봉상필하(逢上必下) : 적이 위로 공격할 때 반드시 아래로 반격하는 것.
30) 봉하필상(逢下必上) : 적이 아래로 공격할 때 반드시 위로 반격하는 것. 개합상우(開合相寓)에서부터 봉하필상(逢下必上)까지는 음양의 이치를 태극권에 적용하는 과정이다.

이 숨어 있고, 후퇴하는 동시에 손을 앞으로 들어올리는 동작을 숨겨두는 등 변화가 헤아릴 수 없이 많고, 적이 도저히 짐작할 수 없는 상태의 공방(攻防)을 이루어내는 것이다.

태극도는 하나의 정체이지만 음양의 두 기운이 그 속에 들어 있어 모순과 대립의 상태를 나타내 보인다. 태극권의 어떤 동작도 마찬가지로 그 속에 허실과 전후, 강유(剛柔)의 변화 등 음양의 변화에 대한 내용을 포함하고 있다. 노자는 『도덕경』에서 "도는 하나를 낳고, 하나는 둘을 낳으며, 둘은 셋을 낳고, 셋은 만물을 낳는다"(『도덕경』 제24장)고 하였다. 도는 무극이고 하나는 태극이며 둘은 양의(兩儀)인데, 하나 속에 둘이 들어 있다. 고로 신묘막측하고 둘이 하나로 통일되기 때문에 변화를 일으킬 수 있다. 태극 속에는 대립적인 측면이 함유되어 있고, 이 대립의 상호작용으로 인해 만물이 끊임없이 태어나게 되는데, 이를 '삼생만물(三生萬物)'이라 한다. 만물의 태어남은 곧 발전과 변화, 소멸이 있음을 의미한다. 태극권의 변화는 사람에 따라 달라지고 인체의 자연에 따라 바뀌며 곡선을 따라 뻗어나가고, 또 나가면서 회전하게 된다. S자를 닮은 이 곡선은 진흠의(陳鑫依)가 태극권에 대해 언급할 때 '전사(纏絲)'라 했고, 조보두원화(趙堡杜元化) 선생은 이것을 '배사구(背絲扣)'라고 하였다. 이것은 원의 속에 포함되어 있는 호형(弧形)의 변화로 나선의 형태로 발전하며, 도가 태극권의 '우보(禹步)', '팔괘(八卦)', '두강보(斗罡步)' 등과 같다. 태극권의 내경(內勁)에 관한 특징 중의 하나는 반대쪽에서 시작하여 목적을 달성하는 효과를 가지고 있다는 것이다. 이것은 노자가 『도덕경』 36장에서 언급한 "잡으려고 할 때에는 먼저 풀어주어라……"는 말과 일맥상통하는데, 왼쪽으로 가려면 먼저 오른쪽으로 움직이고, 위를 치려면 먼저 아래를 공격하며, 거두어들이려면 먼저 풀어놓고, 앞으로 나가려면 먼저 끌어당기는 것 등이다. 이와 함께 또 다른 특징 중 하나는 내경의 변화를 태극도의 형상 변화와 맞추어 설명하는 것이다. 진희이의 『선천도』는 비교적 계통적으로 태극도를 이용하여 도교의 내단수련법에 관해 설명한 것이다. 당대의 어떤 학자들은 '기침단전(氣沈丹田)'에서 단전이 안에서 도는 기력이 태극도의 형상과 같다고 하기도 하고, 다리가 허실을 밟아갈 때의 힘의 변화와 운동방향이 태극형을 나타낸다고도 한다.

제3절 도교와 태극권

1. 도교와 도교무술의 관계

1) '내가파(內家派)' 도교무술

도교무술(도가무술)은 태극권, 심의권, 무당검, 형의권, 팔괘장 등의 내가권(內家拳)을 대표로 하는 전통적이고 독특한 기풍을 지닌 무술 유파이다. 이는 도가철학과 도교의 이론들을 배경으로 하고 의학, 역학, 내단양생학 등의 인체과학과 무술의 여러 가지 타격기술을 하나로 융합시켰다. 이 무술은 인체의 경락(經絡)과 혈위(穴位)를 상당히 중시하며, 견실한 내공을 수련하여 안으로 내기를 단련하여 밖을 강하게 함으로서 내외를 통일시킨다. 그 특징은 기를 통해 힘을 발하고, 상대의 힘을 빌려 상대를 제압하며, 부드러움으로 굳셈을 누르고, 고요함으로 움직임을 제압하는 것에 뛰어난 점을 보인다. 이 책에서 말하는 도교무술에는 광의와 협의의 두 가지 뜻이 있다. 협의의 뜻은 도교도(혹은 도교의 신앙자)가 스승으로부터 일맥상전하여 내려오는 본문의 무술을 익힌 것을 말하고, 광의의 도교무술은 도교와 도가사상을 이론적인 배경으로 삼고 외가권(外家拳)과 상대적으로 구별되는 내가의 특징을 가지고 있는 무술을 말하는 것으로 전통적으로는 무당파를 그 대표로 한다.

2) 도교무술의 형성과 우세

역사상 진한 시대는 황제들에 의해 도교가 흥했던 시기이기도 하지만 여러 가지 이유로 배척을 받은 시기이기도 하다. 도교에 대한 배척을 피해 산중으로 숨어든 도사들은 황벽한 곳에 혼자 살아가면서 짐승이나 도둑의 위험을 피하기 힘들었고, 따라서 무술을 연마하는 사람이 갈수록 늘어났다. 거기다가 공명에 뜻이 없던 그들은 무술, 양생 등에 평생을 바쳐 연구하게 되니 상당한 경지에 이르는 사람도 많았다. 이런 상황들은 도교무술이 발전하게 되는 기초를 이루었다. 무공이 출중한 도사들은 도교를 반대세력들로부터 보호하고 도교의 성망을 높이며 교단의 발전을 위해서 제자를 받아들이며 널리 알려나갔다.

동시에 도가와 도교의 인사들 사이에서도 수련과정에서 지나치게 정공(靜功)을 중시하던 까닭에 여러 가지 폐단이 나타났고, 이로 인해 동정을 함께 수련하려는 움직임이 발생하게 되었다. 그 중 제일 많이 알려져 있고 또 제일 오래된 것이 '도인토납(導引吐納)'이다. 도교 모산종(茅山宗)의 대표 인물인 도홍경(陶弘景)의 『양생연명록(養生延命錄)』에 기재되어 있던 '안마술과 도인공' 및 화타의 '오금희(五禽戱)' 등은 이후에 조금씩 투로(套路)로 변해갔고〔팔단금(八段錦) 등〕, 스스로의 몸을 지켜야 할 필요에 의하여 기술적인 면과 타격을 중시하는 강한 무술로 발전되어 갔다. 그리고 도가의 인사들은 그들이 숭배하는 노자의 『도덕경』 사상을 바탕으로 도가의 철학들과 결합시켜 이론적인 근거로 삼고 내가권과 도가무술을 만들어내게 되었다.

도교무술의 형성은 절대로 한 시기나 한 사람의 힘으로 이루어진 것이 아니라 황제나 노자·장자 등으로 대표되는 도가사상이, 이론의 개척자이고 도교 교단이 형성되던 시기의 장도릉(張道陵) 천사(天師)나 갈홍(葛洪)의 여러 저서들, '약왕(藥王)' 손사막(孫思邈), '검선(劍仙)' 순양자(純陽子), '무극도'의 진희이나 단법의 기초를 마련한 종리권, 여동빈 등의 영향을 크게 받았다. 거의 그 당시에 만들어진 취팔선권(醉八仙拳), 청룡검(青龍劍), 자오곤(子午棍), 『용문비지(龍門秘旨)』 등은 오늘날까지 이어지면서 도교무술의 발전에 중요한 역할을 하였다.

한편 송나라 때 무당의 단사(丹士)였던 장삼봉은 권술과 내공, 단도(丹道)가 상승(上乘)의 경계에 도달했던 사람으로, 선인들의 지혜를 집대성하여 태극이라는 이름이 붙는 몇 가지의 내가권을 창시했으니, 이것은 도가무술의 새로운 이정표가 되었다. 이후로부터 도교무술은 비로소 독특한 품격을 지니게 되었고, 후세 무림이나 학자들이 속칭하는 '무당파(武當派)'·'남파(南派)'·'내가권파(內家拳派)'가 형성되게 되었다.

이와 함께 역사적으로 나타난 많은 민간종교나 무림 고수의 사적들이 증명하는 바와 같이 도교의 수련과 도교무술, 그리고 전통무술은 기묘하고도 심각한 내재관계가 있어 무술이 화경(化境)에 이르는 것과 수도의 경지는 정비례하는 경우가 많다. 즉 어떤 무술가가 기격에서 보통사람이 이를 수 없는 아주 뛰어난 실력을 보일 때, 그의 수련에 관한 이론과 실천이 모두 깊은 경지에 이른 경우가 많다는 것이다.

2. 도교의 제례의식과 태극권

태극권의 여러 동작은 태극문화가 나타낼 수 있는 부호인 동시에 최종

형식이다. 도교의 정신이나 사상관념 역시 이 기술문화의 표층을 뚫고 표현된다. 우리가 알고 있는 바와 같이 태극권의 주요 내용은 붕(掤), 리(履), 제(擠), 안(按), 채(採), 열(挒), 주(肘), 고(靠)와 진(進), 퇴(退), 고(顧), 반(盼), 정(定)의 팔문오보(八門五步) 십삼세(十三勢)이다. 이 팔문오보를 수학의 집합에서의 조합으로 배열하고, 사람 몸의 손과 발, 여러 관절의 움직임까지 포함시킨다면 무수한 온갖 변화가 만들어지게 된다. 그러나 이런 초식의 변화들은 절대적으로 고정되어 있는 것이 아니며, 상대에 따라 혹은 상황에 따라 영활하게 변화한다. 그리고 이 팔문오보는 도교의 이론인 태극・팔괘・구궁과 오행의 상생상극 변화, 북두칠성에 대한 숭배 등에서 원형을 찾아볼 수 있다.

또 많은 태극권의 자세는 도교의 제례의식 중에서 신을 영접하고 보내는 법술인 보강답두(步罡踏斗)에서도 발견된다. 당대의 도교에는 지금도 아직 이 전통적인 의식이 완전한 상태로 남아 있다. 도교의 제례의식 때에는 공력(功力)이 높은 법사가 도장의 가운데에서 별들에게 절을 하고 신령을 청하여 모신다. 땅에는 강단[降壇; 청룡・백호・주작・현무의 사령(四靈)과 이십팔수(二十八宿)・구궁팔괘(九宮八卦)가 그려진 그림]을 깔고 발에는 등운화(登雲靴)를 신고 운우상(雲羽裳)이라는 도포를 입으며, 손에는 법기(法器)를 들고 도교의 음악을 들으며 별들의 방위를 따라서 구궁팔괘를 밟아 나간다. 그러면서 신을 멀리 보내어 천지의 신령에게 인과(因果)와 사유(事由)를 보고하고 수인(手印)이나 구결(口訣), 영창(詠唱) 등을 배합한다. 이때 보법(步法)의 움직임과 걸어가는 순서, 빠르기, 전후허실 및 멈추고 절을 하는 모든 동작은 특정한 방식과 비전되는 구결이 있었다. 태극권의 투로 역시 전신을 이완시킨다는 전제하에서 보강답두(步罡踏斗)를 닮은 움직임을 나타낸다. 예를 들면 제례 시 예를 표하던 방식인 포구식혼원장법(抱球式混元樁法)은 태극권에서 전문적으로 내공을 배양하고 정(精)을 수련하는 동작이 된 것이다.

이와 같은 보강답두의 의식은 원래 도교가 고대의 무술(巫術)과 방술을 흡수하고, 도교 자신의 내용과 결합하여 계속 발전시켜 나온 것이다. 이처럼 제례의식과 도교무술은 상당히 밀접한 관계를 가지고 있는데, 이에 대해서 조금 더 알아보도록 하자.

(1) 고대의 무술(巫術) 활동으로부터 유래된 여러 동작들은 고대인들의 수렵이나 춤 혹은 싸움 등의 특정 동작을 모방한 것이 많다. 사람들의 당시 생산력을 놓고 보면 자연과의 투쟁 속에서 스스로를 지키거나 동물을 사냥하기 위한 동작들이 분명히 있었을 것이고, 당시의 무술(巫術) 활동은 이러한 동작을 집중적으로 표현한 것이라 할 수 있다. 이러한 것들은 객관적으로 무술과 관련된 인소(因素)를 남겼고, 이와 함께 "사람으로 하여금 춤추게 하여 기운의 흐름을 좋게 이끈다"는 양생술의 기본이 되기도 하였다.

(2) 우보(禹步)에서 몸이나 손·발의 움직임은 특정한 규칙을 따라 서로 잘 협조되어야 하는데, 이는 양생이나 자위(自衛)의 뜻을 포함하고 있다. 전술한 형태의 보강답두(步罡踏斗)에서는 손에 든 법기(法器)를 함께 혹은 서로 반대방향으로 돌리거나,공을 안고 있는 형태의 붕식(掤式)을 취하는데, 이것은 태극권의 가장 기본적인 자세인 동시에 우보를 밟으며 하는 법사(法事) 중에서 시종일관 유지해야 하는 자세이다. 이 혼원장법(混元樁法)의 식은 공이 높은 법사가 법술을 펼치는 전 과정이나 예의를 표하는 형태에서 변식(變式)으로 나타나며, 태극권 속에서도 음양·허실 등의 변화로 언제든지 붕(掤)이나 제(擠) 등의 초식으로 바뀌어질 수 있다. 그리고 팔괘장(八卦掌)의 사자포구식(獅子抱球式)은 무술이 도교의식에서 나온 것임을 증명하는 좋은 예이다. 또 왼발을 앞으로 하여 허보로 딛고 오른발은 약간 구부리며 왼손은 앞으로 하여 조간(朝簡)[31]의 윗부분을 쥐고

오른손은 뒤로 하여 조간의 아랫부분을 잡은 상태로 앞을 향하여 예를 표하는 동작은, 허리를 내려뜨리고 머리와 몸을 약간 숙이도록 하여 함흉발배(含胸拔背)의 형태가 되어야 하는데, 이는 아주 전형적인 양가의 수휘비파식(手揮琵琶式)이나 진가의 초수합수식(初收合手式)이다. 도교의 무당삼봉태극권에도 이 초식이 들어 있는데 그 공방에 대한 용도나 의식은 현대의 진가나 양가와 비슷하다(그러나 삼봉태극권의 몇 가지 초식이 현재 유행하는 진가나 양가의 것과 비슷하기는 하지만 도교의 의식이나 법술에서 나타나는 자세와 더욱 비슷함을 여기에서 밝혀두고자 한다).

무술계에서는 "권법은 가르치더라도 보법은 가르치지 말라. 보법을 배우면 스승과 대적하게 된다"는 속설이 있다. 이는 권법에서 보법이 차지하는 비중이 얼마나 큰지를 단적으로 말해준다. 마찬가지로 이 '보강답두(步罡踏斗)'에는 각자 다른 형태의 수많은 보법이 있어 장소나 상황에 맞게 선택해서 사용해야 하므로, 도교에서 법술을 행하는 법사의 보법 역시 반복적인 훈련이 요구되는 가장 배우기 힘든 과정 중 하나이다. 그 예를 들면 삼태강(三台罡), 사어강(四御罡), 오행강(五行罡), 남두강(南斗罡), 육성강(六星罡), 칠성강(七星罡), 팔괘강(八卦罡), 구유강(九幽罡) 등이 있다.

(3) 도교무술에서는 이러한 동작의 형식들을 흡수한 후 도교의 이론인 천인합일관과 결합시키고, 다시 내관(內觀)의 법결을 더하며 복기(服炁)[32]나 행기(行炁)[33]의 이론과 결합시켜 비약적인 변화를 이루어내게 되었다. 따라서 건신양생(健身養生)의 공법으로 사용하거나 혹은 무술로 스스로의 몸을 지키는 데에 사용하거나에 상관없이, 태극권은 내공과 외형을 동

31) 조간(朝簡) : 도교(道敎)에서 의식을 거행할 때 사용하는 법기(法器) 중의 하나

32) 복기(服炁) : 일명 식기(食炁), 행기(行炁)라고도 하며 호흡을 주로 하고 도인(導引)과 안마(按摩)를 보조로 하여 수련하는 것을 말한다.

33) 행기(行炁) : 주 32) 참조

시에 단련하여 수련의 단계를 높이고 여러 가지 도교의 공법을 배우는 기초가 되었다.

3. 노장사상과 태극권의 원리

노자와 장자로 대표되는 고대 도가의 철학사상은 도교에 의해서 완전히 계승되어 도교이론체계의 근간이 되었다. 그리고 태극권의 원리 역시 노장사상을 핵심으로 하여 여러 원칙들이 이루어져 있다.

1) 노장의 '도'와 '기' 그리고 무술

고대 철학사에 새로운 하나의 명제인 '도(道)'를 제기한 노자는 『도덕경』에서 "혼연히 이루어진 것이 있어 하늘과 땅보다 먼저 생겼다. ……가히 천하의 어머니라 할 수 있는데 내가 그 이름을 알지 못하여 글자로 나타내어 도라고 하였다"(25장), "도는 하나를 낳고, 하나는 둘을 낳고, 둘은 셋을 낳으며, 셋은 만물을 낳는다"(42장)라고 하여 '도'가 우주만물의 본원(本源)이자 본성(本性)이며, 세간(世間)의 만사만물에 대한 총 법칙임을 밝힌 바가 있다.

노자의 학설을 계승 발전시킨 장자는 「지락편(至樂篇)」에서 무형의 기가 유형한 물(物)의 기초가 된다고 하여 만물의 본원을 '기(氣)'라고 인식하였다. 또 그는 「지북유(知北游)」편에서 "사람의 생명은 기가 모인 것이다. 기가 모이면 살고 흩어지면 죽는다"라고 하여 생명현상을 기로 해석하기도 하였다. 이 이후로 신비한 '기'와 위대한 '도'에 관한 철학 개념은 문화의 발전을 따라 풍부하고 명확하게 "한 번 음하고 한 번 양하는 것을 도라고 한다"(『주역』), "천지의 기가 합하여 만물이 절로 생긴다"라는 철학범주에 관한 인식을 갖게 되었다.

도는 무술의 근본이자 본질적인 특징이기도 한데, 권법의 기술이 비록 천변만화의 변화를 가지고는 있으나 이를 꿰뚫는 이치가 있으니 이 이치는 바로 도이며, 모든 법칙의 법칙이고 인체의 본능이 무술의 기술적인 측면에서 나타내는 자연적이고 능동적인 반응과 후천적인 연마의 종합적인 규율이기도 하다. 기는 무술의 원력(原力)이자 근본이며 무술의 정화가 나타나는 곳이다. 무술의 모든 외형적 동작이나 내재적 변화는 모두 기의 운행과 표현이다. 무술이 이 '기'라는 철학상의 이름을 공유하면서 깊은 함의와 무궁하고 오묘함을 함께 가지게 되었으니 태극권은 이에 부끄럼이 없는 무술의 종류이다.

그렇지만 도가와 도교에서는 무술로서 대도를 표현하는 것을 그다지 전면적이라고 보지 않았다. 비록 무도(武道)라 하여 무술을 대도(大道)의 말기(末技)로 보는 견해도 있지만 말기도 결국은 대도의 일부이다. 따라서 도가 내에서는 무술에 대해 "뛰어난 무술가는 무술을 뽐내지 않는다"라든지, "병기는 상서롭지 못한 물건이다" 또는 "군자가 사용할 바가 아니며 부득이한 경우에만 사용한다"라는 말이 있고, 장삼봉은 "천하의 호걸들이 모두 연년익수를 누리려면 무술을 사용하려는 기도를 중지해야 한다"고 하였다. 도교에서는 자비를 주장하며 유약함을 견지하고 서로 싸우지 않는다. 이런 사상들은 알게 모르게 도교무술 속에 침투되어 도교무술을 약함으로 강함을 이기고 부드러움으로 굳셈을 제압하는 길을 따라 발전하게 하여 도교무술을 다른 무술과 다르게 만들었다.

2) 장자의 무술과 태극권

제일 처음 노자의 "약함으로 강함을 이기고 부드러움으로 굳셈을 제압

한다"는 기법상의 관점을 무술에 응용한 사람은 장자이다. 장자는 무수한 검객과의 생사를 건 박투(搏鬪)의 경험을 기초로 하여 "상대에게 허를 보여 마치 그곳을 공격하면 이익이 있을 것처럼 느끼게 하라. 상대가 움직임을 보이려고 하면 그대가 먼저 움직여라"라는 깊은 철리(哲理)를 가지고 있어서 무술이나 태극권에 두루 통용될 수 있는 말을 남겼다. 그밖에도 『양생주(養生主)』에서는 백정이 소를 잡는 이야기를 빌어 무술의 깊은 이치를 남겼고, 『설검편(說劍篇)』에서는 형상이 없는 천지의 대검과 마음 속의 용감지검, 유형의 검 등의 삼등검법(三等劍法)에 관해서 언급했는데, 이들은 모두 도교무술이나 태극권의 이론에 깊은 영향을 주었다.

3) 『도덕경』의 태극권에 대한 영향

노자는 『도덕경』에서 "천하의 만물은 유(有)에서 생기고 유는 무(無)에서 생긴다"고 하였다. 태극권은 이를 받아들여 '형상이 없고 공(空)으로 가득 찬 상태에서 자연스럽게 행공(行功)을 시작한다'(『태극권보』 <수비가(授秘歌)>)라는 말처럼, 자연스럽게 서고 머리부터 발끝까지 긴장을 완전히 푼 상태에서 전후좌우도 없고 내외도 없는 태극의 기수식(起手式)인 무극식을 시작한다. 이어서 '한번 움직이면 움직이지 않는 곳이 없다'는 원칙을 따라 행권(行拳)이 시작되면서 태극의 상이 나타나 노자가 『도덕경』의 2장에서 말한 "유와 무가 서로 생겨나고, 어렵고 쉬운 것이 서로 이루어지며, 긴 것과 짧은 것이 서로 나타나고, 높고 낮은 것이 서로 기울어지고, 음과 소리가 서로 합해지고, 전후가 서로 따른다"는 상태가 된다. 이런 상대적인 모순과 통일, 그리고 서로가 빈 곳을 채워주는 태극음양의 관계는 태극권의 전체를 관통하고 있는데, 한 초식 한 동작마다 모두 이런 정반(正反)의 두 가지 인소(因素)로 이루어져 있으며, 서로 관계가 있고 서로

의지하고 있으며 서로가 보충하고 서로를 근본으로 하는 특색을 가지고 있다. 이런 기본적인 관점은 태극권의 원리에 있어서도 작게는 호흡과 손가락의 움직임에서, 크게는 전체적인 자세 등에서 나타난다. '유와 무가 서로를 낳는다'는 전제하에서는 각종의 상대적인 사물이나 현상들은 발생하고 발전하며 쇠망하는 등의 여러 가지 변화를 겪게 되는데 태극권 역시 이와 마찬가지로 보법의 허실 변환, 손과 팔의 개합굴신(開合屈伸), 기세(氣勢)의 호흡승강(呼吸昇降) 등 수많은 방면에서 이런 특징들이 나타난다. "사람은 땅을 따르고 땅은 하늘을 따르며, 하늘은 도를 따르고 또는 자연을 따른다"는 말은 노자 『도덕경』의 최고 법칙이다. 태극권은 인체를 작은 천지(天地)로 생각하고 사람의 권술 동작의 매 순간 반드시 발 밑의 땅을 근본으로 하는데, 이 근본은 또 하늘에 해당되는 대뇌의 지휘를 받고 대뇌가 전신을 지휘하는 것은 반드시 도라는 규율에 합당해야 한다. 인체의 운동 규율이나 공방의 투쟁규율을 막론하고 이 규율들은 자연이라는 총체적인 법칙에 맞아야 한다. 『도덕경』 11장에 있는 "유(有)는 의지하는 바이고 무(無)는 쓰임이 된다"는 말은 형체가 있는 물건의 진정한 쓰임은 그 빈 곳에 있다는 뜻인데, 태극권의 수법 역시 이 빈 곳을 사용하여 대적을 하게 된다. 또 사람의 지체나 권법의 형식은 모두 밖에서 빌어온 것으로 외형을 유지하는 것에 불과하고 심(心), 의(意), 영(靈) 등이야말로 제일 실용적인 것이다. 따라서 태극권에서는 "뜻이 임금이라면 골육은 신하이다"라는 말로 진의(眞意)가 권법기술에서 갖는 중요성을 설명하고 있다.

『도덕경』에는 위에서 예를 든 몇 구절을 제외하고도 태극권의 원리와 상통하는 수많은 구절들이 있다. 이것은 『도덕경』의 중심주제가 변증법적인 철학사상이고, 태극권 역시 이를 빌어 수련에 그대로 적용하고 있기 때문이다. 그런데 여기서 꼭 하나 짚고 넘어가야 할 것은 무당삼봉태극권은 도가의 태극권으로서 그 본래 의의가, 한편으로는 태극권을 단련하여 내공을 기르고, 한편으로는 정좌하여 연단(煉丹)할 때 근골(筋骨)을 풀어주어서 공력(功力)을 높이는 동력으로 사용하는 데에 있기 때문에, 일반적으로 지나치게 강한 자세나 발경(發勁)이 없다는 점이다. 물론 이 또한 노자의 『도덕경』 76장에 나오는 "만물과 초목은 살아 있을 때에는 부드럽고 약하지만 죽었을 때에는 뻣뻣하게 마른다"라는 구절의 영향이라는 것도 사족으로 붙여두는 바이다.

제4절 도교의 내단술과 태극권의 내공

1. 도교 내단술의 성립과 동시기의 태극권 내공

1) 도교 내단술의 내용과 태극권의 내공

천 수백 년에 걸쳐서 내단술은 그 양생적인 가치로 인해 이미 독립된 하나의 학문인 내단학이 되었다. 이는 도가나 도교의 철학과 마찬가지로 세계가 공인하는 문화의 정화이다. 도교 내단술에서는 스스로의 몸을 화로로 삼고 자신의 정(精)·기(氣)·신(神)을 약물로 삼는데, 정은 기초물질로, 기는 동력으로, 신은 주재자로 하여, 신으로 기를 부리고 신으로 정을 단련하여, 점진적인 연양(練養)을 통해 체내에서 생리나 생화학적인 변화를 이끌어내고, 정·기·신의 결합물인 장생불로약 즉 내단(內丹)을 만드는 것이다. 내단술은 『도덕경』을 기본이론으로 위백양의 『주역참동계』, 위화존(魏華存)의 『황정경(黃庭經)』 및 장자양의 『오진편(悟眞篇)』 등을 구체적인 표준으로 하여, 광범위하게 각종 내수(內修)의 방술을 모아 조금씩 계통적인 내단학설로 발전하게 되었다.

내단술은 약물(藥物), 화로(火爐), 화후(火候)[34] 등으로 신체의 여러 물상들을 비유하며 흡기(吸氣), 내시(內視),[35] 존상(存想),[36] 태식(胎息)[37] 등의 방법을 운용하여 체내에서 대소주천의 진기운행을 이루어내는 것을 중시한다. 그러기 위해서는 축기(築基),[38] 연정화기(煉精化氣),[39] 연기화신(煉氣化神),[40] 연신환허(煉神還虛),[41] 연허합도(煉虛合道)[42] 등의 몇 가지 단계를 순차적으로 완성해야 한다. 내단술은 문자로 남겨진 기록보다는 입에서 입으로 또 천체나 자연, 동물 등의 각종 비유와 은어로 전해져 내려온 경우가 많다. 특히 약물의 화후는 「하도(河圖)」나 「낙서(洛書)」 등의 역학수상(易學數象)으로 설명했기 때문에 신비성과 수련의 난도가 증가되어 수많은 문파(門派)가 이루어지는 상황으로 발전해 갔다.

태극권의 내공수련 역시 단전을 운화(運化)하는 것을 핵심으로, 경락(經絡) 기혈(氣血) 진액(津液) 등이 체내에서 잘 흐르도록 하는 것을 종지로 한다. 또 운동을 통해 인체의 내분비선을 강화하는 것을 중점으로, 동작과

---

34) 화후(火候) : 화(火)는 원신(元神)에 대한 비유이며 후(候)는 조절하는 단계란 뜻이다. 즉 의념으로 호흡을 조절하는 것을 말한다.

35) 내시(內視) : 눈을 감고 신체 내의 어떤 부위를 바라보는 것.

36) 존상(存想) : 눈을 감고 내시(內視)하여 신(神)을 수련하는 것. 존상(存想)의 대상은 일반적으로 체내에 있는 신(神)이나 부위를 택한다.

37) 태식(胎息) : 기(炁)를 단련하여 깊은 단계에 이르면 신(神)이 기(炁) 속으로 들어가 하나가 되고 호흡이 있는 듯 없는 듯하며, 기경팔맥(奇經八脈)이 모두 통하고 전신이 편안해져서 마치 태아가 모친의 배속에서 외호흡(外呼吸)이 없는 상태로 내기(內炁)만 움직이는 것과 같은 호흡을 말한다.

38) 축기(築基) : 신체의 기능을 수복(修復)하여 정(精), 기(炁), 신(神)이 충족되도록 만들어나가는 수련 단계.

39) 연정화기(煉精化氣) : 정(精)을 단련하여 기(炁)로 변화시키는 수련 단계.

40) 연기화신(煉氣化神) : 연정화기(練精化炁)의 기초 위에서 기(炁)와 신(神)을 함께 단련하여 기(炁)를 신(神) 속에 귀일(歸一)시켜서 하나로 만드는 수련 단계.

41) 연신환허(煉神還虛) : 신(神)을 단련하여 허공(虛空)으로 돌아가는 수련 단계.

42) 연허합도(煉虛合道) : 허공(虛空)을 단련하여 도(道)와 합쳐지게 되는 수련 단계.

의념, 호흡을 잘 배합하는 방식으로 연정화기를 통해 정·기·신을 잘 모아서 심신과 성명이 서로 평형을 이루는 것을 목적으로 한다. 따라서 내단술과 태극권 내공의 수련 내용은 거의 일치한다고 할 수 있다.

내단공법은 유위적(有爲的)인 도인(導引)이나 토납(吐納), 행기(行氣), 인진(咽津)[43] 혹은 존신(存神), 내시(內視) 등을 불구하고 모두 노자의 "마음을 허하게 하고 배를 실하게 한다〔虛其心 實其腹〕"는 등의 원칙을 따르고 있다. 특히 내단공법은 아랫배의 하단전 부위를 중시하는데, 이것은 태극권이 허리와 배를 중시하는 것과 크게 다르지 않다. 단전은 정(精)이 쌓이고 기(氣)가 모이는 곳이다. 태식이니 단전호흡이니 하는 것들이 모두 이 단전을 이용하는 것인데, 현대의 인체역학에서도 단전이 인체의 중심이 있는 곳이라고 밝혀져 있다. 단전에 기를 집어넣게 되면 인체의 중심이 단단히 고정될 뿐만 아니라, 진기를 배양하고 내분비를 증강시키게 된다. 따라서 태극권을 공부하는 사람들은 단전을 태극 혹은 태극핵(太極核)이라고 한다. 내단술과 태극내공은 모두 단전을 중시하여 단련하는 목적이 비슷하거나 혹은 같아 보이기 때문에, 그 내용 역시 비슷하거나 같다고 보여진다. 내단의 단련 공부가 깊어질수록 단전의 부위나 현관(玄關)의 규(竅)가 약간 변화를 하는데, 태극내공에서도 마찬가지로 변화한다. 이것이 바로 도교인사들의 수도경지(내단)가 전통무술(태극권)의 경지와 정비례하게 되는 비밀이다.

2) 도교 내단술의 원류

내단(內丹)이라는 이름이 도교의 양생학에서 대량으로 출현하게 된 것은 외단(外丹)에 상대해서이다. 동한 시대에는 도교의 흥성에 따라 수련자

---

43) 인진(咽津) : 수련을 통하여 얻어진 진액(津液)을 삼키는 것.

들이 갈수록 많아지고 공법의 총결이나 전승에서도 어느 정도의 규모와 규율이 생기게 되었다. 위백양은 고본(古本)인 『용호경(龍虎經)』과 『주역』을 참고로 하여 만고단경의 왕이라고 불리는 『주역참동계』를 지어 내단과 외단의 수련에 일정한 이론적 근거를 제공하였다. 그 이후로도 태극과 조금이라도 관계가 있는 도교의 인사들은 거의 모두 내단 수련에 관해 저술들을 남겼다. 『영검자(靈劍子)』 「인도자오기(引導子午記)」의 복기결(服氣訣)에 "복기와 도인은 내단을 이용한다"고 하여 제일 먼저 내단이라는 명사를 사용한 사람은 동진 시대의 허손(許遜)이다. 그 뒤를 따라 남북조시대의 사람들이 "외단의 힘을 빌어 내단을 수련한다"라고 말했으며, 수나라 때에 이르러 청하자(靑霞子) 소원랑(蘇元朗)이 고인들의 수련방식을 총결하여 내단사상을 확립하였다.

2. 도교 내단술과 태극권의 직접적 관계

1) 도교의 많은 양생술은 그들의 공통 영양원이다

중국 고대인들의 생활이 시대의 진화에 따라 조금씩 발전해 나감에 따라 사람들은 생활의 질과 장수를 중시하게 되었다. 이에 따라 수많은 양생법이 나타났는데, 예를 들면 원고시대 음강왕(陰康王)의 "사람들에게 춤을 추게 하여 기를 이끈다", "정을 움직여 기로 바꾼다"는 황제(黃帝)의 수련체험, 적송자(赤松子)의 "음양의 조화를 호흡하고 천지의 정기를 먹는다"는 것이나 또는 장자의 "토고납신(吐故納新)" · "종식(踵息)"[44] · "허실생백

44) 종식(踵息) : 『장자』에 "진인의 호흡은 발뒤꿈치로 한다"고 하였다. 아주 깊은 호흡을 형용하는 말이다.

(虛室生白)"[45]과 같은 것 등이 있다. 그러나 실제적 효과가 가장 큰 것으로는 『행기옥패명(行氣玉佩銘)』·『각곡식기편(却谷食氣篇)』·『서한도인도(西漢導引圖)』 등이 있는데, 이것으로 우리는 당시에 기공수련과 도인동작이 상당히 유행했음을 알 수 있다.

그 뒤를 이어 나타난 『황정경(黃庭經)』·『대동진경(大洞眞經)』·『노자청정경(老子淸靜經)』, 또 갈현의 『오천문경서(五千文經序)』와 갈홍의 『포박자(抱朴子)』 등은 모두 직접적으로 내단과 태극권의 이론적 기초가 되었으며, 이것들에 기재된 수많은 공법들의 정화는 내단술과 태극권에 풍부한 영양을 공급하게 되었다.

2) 도교 양생공의 발전은 태극권 내공에 견실한 기초를 세워주었다

역사의 변화에 따라 외단은 점점 쇠락해지고 내단이 신비의 베일을 벗고 드러나기 시작하면서, 수심연성(修心煉性)[46]과 연기결단(煉氣結丹)[47]을 주장하는 일단의 이론가와 수련가들이 그들의 주장을 펴기 시작했다. 이들은 원래의 전통적 공법의 기초 위에 여러 공법들을 받아들이고 발전시켜, 많은 내단 관련 서적과 뛰어난 수행가들이 속속 배출되었다.

종려단법(鍾呂丹法)의 개파 조사인 여동빈은 단도의 수련과 실천에서 대단한 성취를 이룬 것과 아울러 천둔검법(天遁劍法)에도 뛰어났었다. 『영보필법(靈寶畢法)』의 기록에 따르면 천둔검법은 동정(動精)을 함께 수련하는 내단공법이다.

사마승정(司馬承禎)을 대표로 하여 두광정(杜光庭)·성현영(成玄英)·

45) 허실생백(虛室生白) : 공(空)이 밝아져서 광명(光明)이 출현하는 것. 일반적으로 입정(入靜)의 상태에서 지혜(智慧)가 나오는 것을 가리킨다.
46) 수심연성(修心煉性) : 마음을 닦고 본성(本性)을 궁구(窮究)하는 것
47) 연기결단(煉氣結丹) : 기(炁)를 단련하여 단(丹)을 이루는 것을 말한다.

왕현람(王玄覽) · 장과(張果) 등은 심신을 수련하는 것으로 도를 결성하자고 주장했으며, 도팔(陶八)이나 양참미(羊參微)는 용호교구(龍虎交媾)[48]를 통해 단을 이루는 방법을 주장했고, 팽효(彭曉)로 대표되는 일단의 수련가들은 주역의 괘효로 연단과 내공의 수(數)와 화후를 규범화시키려고 노력했다. 거기다가 종남산에서 은거하던 담초(潭硝)의 『화서(化書)』는 더욱 진일보한 면을 보여주고 있다. 그리고 시견오(施肩吾)의 『서산군선회진기(西山群仙會眞記)』 속의 『태극혼원수진도(太極混元修眞圖)』나 최희범(崔希范)의 『입약경(入葯鏡)』 등은 내단사상을 새로운 경지로 이끌어간 걸작이다.

특별히 북송 초기의 저명한 도사인 진희이는 '태극도'와 '무극도'를 그려 내단공법의 상세한 과정과 음양오행의 순역(順逆) 및 인체의 규(竅)와 혈(穴)의 관계를 밝혀 태극내공의 수련을 더 한층 새롭게 만들었다. 또 전진파(全眞派)의 왕중양(王重陽)과 전진7자들의 도력과 이론들은 내단의 '허실생백(虛實生白)' '공중비개(空中飛盖)' 등을 실제로 증험했으며, 장백단(張伯端)의 『오진편(悟眞篇)』은 내단사상이 거의 성숙되었다는 표지로서의 가치가 있다.

위에서 볼 수 있는 것처럼 원시적인 토납이나 도인에서 출발하여 『태동진경(太洞眞經)』·『포박자』·『화서』 등을 거치며 진보한 내단사상은 당나라 때의 수심연성(修心煉性), 연기결단(煉氣結丹), 성명쌍수(性命雙修)[49] 이론의 발전과 북송과 금원(金元) 시기를 거치며 더욱 발전하게 되었다. 바로 이러한 공법들의 발전을 기초로 하여 장삼봉(張三丰)은 고인

---

48) 용호교구(龍虎交媾) : 심장(心臟)의 화기(火氣)와 신장(腎臟)의 수기(水氣)가 서로 교합하는 것을 말한다. 일반적으로 소주천의 단계를 표현한다.

49) 성명쌍수(性命雙修) : 일반적으로 성(性)은 본성(本性)을, 명(命)은 생명(生命)을 말한다. 성과 명을 함께 닦는 것을 성명쌍수(性命雙修)라고 한다.

들의 공법을 연구하고 더욱 발전시켜 태극권과 태극내공의 수련체계를 세울 수 있게 된 것이다.

3) 내단술과 태극권 내공

고요히 정좌하여 기를 기르고 단을 이루는 것을 내단술이라고 한다면, 무술의 단련으로 내기를 이루는 것을 내공(內功)이라고 한다. 그러나 사실 내단술이나 무술 모두 단전을 중심으로 인체의 삼보인 정(精)·기(氣)·신(神)을 수련하는 것을 주요 수단으로, 여러 순차적인 단련과정을 거쳐 최종의 목표인 '연허합도(煉虛合道)'에 이르러 득도하고 신선이 되는 목적과 "단전의 혼원기(混元氣)를 이루니 천하를 돌아보아도 적수가 없다"라는 효과를 얻고자 하는 것이다.

태극권 운동의 축심(軸心)인 태극점은 인체의 진기와 건강과 체력의 중심이며 신경계통, 호흡계통, 소화계통 등 주요한 계통의 중심중추이다. 여기에서 64줄기의 경맥이 사지로 흘러나가고 허리의 주위를 감싸며, 위로는 대뇌와 상단전·중단전 등으로, 아래로는 회음(會陰)[50]을 지나고 다리를 지나 용천혈(湧泉穴)[51]까지 이어지는 것이다. 수련가들은 이 단전을 정(精)이 저장되는 곳이라고 생각하여 여기에서 축기(築基)와 연정화기를 시작하였다.

정은 인체의 내분비선, 특별히 성선의 분비물로 인체의 정화가 모인 것이며, 현대의학에서 말하는 호르몬을 말한다. 이 호르몬들은 정상적으로 주위의 모세혈관에 진입하여 혈액의 순환을 따라 신체 각부로 가서 신체

---

50) 회음(會陰) : 임맥(任脈)의 혈(穴). 남자는 음낭(陰囊) 근부(根部)와 항문을 연결하는 선의 가운데에 있다.

51) 용천혈(湧泉穴) : 족소음신경(足少陰腎經)의 혈(穴). 발바닥 앞쪽의 움푹 패여 있는 곳에 있다.

의 생장발육과 물질대사, 조직기관의 활동을 조절하게 된다. 연정화기의 원리에 의하면 이것은 진기로 바뀌기도 한다. 내단 수련가들은 정을 선천의 정과 후천의 정으로 구분하여 정욕(情慾)의 교감에 의해서 생겨난 정과 구분하였다. 선천의 정은 진기로 전화(轉化)할 수 있고 전신의 경락을 따라 운행하면서, 인체의 생명력을 유지하고 증강시키는 일을 한다. 태극권과 내단술의 기초는 모두 여기에서 시작된다. 태극권에서는 참장(站樁)과 기타의 방법으로 하단전의 근기(根基)를 착실히 다져 단전의 진기를 크고 가득하게 한다. 일단 하단전의 기를 이루고 나면 내기는 발사하고 거두어들이는 것이 자유롭게 된다. 거두어들이면 기는 단전에 몰려 단(丹)이 되고 발사하면, 기는 뜻을 따르고 힘은 기를 좇아서 오장육부와 사지백해(四肢百骸)에 이르지 않는 곳이 없게 된다. 만약 기격(技擊)에 운용하게 되면 뜻으로 기를 이끌어 스스로 필요한 신체의 부위에 도달하게 하여 그 위력을 극대화시킨다. 따라서 태극권에서 단전이 도는 힘과 이에 의해 발생되는 허리, 고관절, 손, 발 등의 협조에 의해서 만들어지는 내공력은 태극권이 추구하는 제일보가 된다.

그러나 일반적으로는 태극권도 일종의 무술이기 때문에 강한 타격에 대한 요구를 피할 수 없어서, 한편으로는 무술상의 기교를 연마하고 다른 한편으로는 단전에 내공을 기르는 과정 중에서 부득이하게 내공에 대한 연마를 줄이고 무술의 기격에 초점을 맞추다 보니, 계속해서 중단전의 연기화신과 상단전의 연신환허에 대한 수련을 중지해 버리는데, 이것은 오히려 위력이 비할 바가 없는 최고의 경지를 스스로 포기하는 것이 된다.

내단술의 수련자는 축기(築基)와 연정화기(煉精化氣)의 기초 위에서 계속 수련해 나가서 하단전에 진기가 가득 차게 되면 중단전으로 자리를 옮겨, 두 번째 단계인 '연기화신(煉氣化神)'을 시작한다. 중단전에 진기가 충만하면 마음을 거두어 신을 기르고 심폐의 기능을 강화시키며, 신경계통과 경락계통의 작용을 강화시킨다. 태극권의 발경(發勁)에는 "힘이 척추에서 나온다"는 설이 있는데, 실제로는 중단전에서 전달되는 것이다. 만일 하단전이 인체 내의 발전소와 핵에너지의 저장고라면, 중단전은 인체 역량의 중간 정거장이 된다. 상지나 하지의 힘이나 허리와 고관절의 힘 등은 모두 이 중간 정거장에서 나온다. 당대의 태극권 고수들은 전부 이런 종류의 사람들로, 단지 자신의 힘이나 상대의 힘을 빌어 제압하는 정도의 실력만으로는 무형 중에 내기로 적을 상하게 하는 경지에 절대 이를 수 없다.

상단전은 신이 감추어져 있는 곳으로 연신환허를 이루는 곳이다. 상단전은 뜻을 조절하는 곳으로 약물을 공제하고 화후를 조정하는 지휘센터이다. 흔히 말하는 '환정보뇌(還精補腦)'[52]는 연정화기를 거쳐 진기가 상단전에서 단을 형성한 후 정력이 가득하고 기억력이 증가되며 지혜가 개발되는 것이다. 만일 세 개의 단전이 하나를 이루게 되면 신과 기가 합쳐져서 인체의 선천적인 잠재능력이 나타나게 된다. 내단이 이런 경지에 이르면 태극권의 내공 역시 출신입화(出神入化)의 경지에 도달하여 무형 중에 적을 상하게 된다. 당금(當今)의 태극권계가 안고 있는 큰 병은 초급계단에서 존재하기 때문에 양로선(楊露禪)이나 손록당(孫祿堂) 같은 고수가 다시 나타나지 않는 것이다.

3. 도교 내단술과 태극권 내공의 공법원리 및 수련과정

어떤 이들은 "내단술은 태극권의 정수"라고 한다. 이 말은 조금도 지나침이 없는데 중요한 문제는 정수의 파악 정도에 따라 태극권의 수준이 달

---

52) 환정보뇌(還精補腦) : 정(精)을 단련하여 뇌(腦)를 보(補)하는 것.

라진다는 것이다. 도교의 내단술과 태극권의 내공은 공법의 원리에 있어서 같은 이론적 근거를 가지고 있는 것 이외에도 비슷한 수련방법을 가지고 있다고 할 수 있다.

1) 같은 이론적 근거

장삼봉의 '태극도' 중에서 우리는 이미 공인된 전승인 은선유룡파(隱仙猶龍派)를 제외하고도 내단술에서 말하는 오파(五派[53])가 모두 태극도의 체계와 떨어질 수 없는 이론적 관계를 맺고 있다는 것을 어렵지 않게 발견하게 된다. 위로는 황제와 노자 그리고 장자를, 아래로는 명청 시대의 수많은 도교서적을 훑어보고 그 원류와 관계 또는 법결(法訣) 등을 좇아가다 보면 아주 쉽게 그들의 일치성을 발견할 수 있다.

2) 수련에 대한 비슷한 요구 조건

내단술과 태극권 내공은 모두 심신이 하나가 되어 성명쌍수를 하는 것이다. 그들은 인체의 생리와 심리기능의 전면적인 제고(提高)를 중시하고 정신의 단련을 육체의 단련과 똑같이 중요하게 여기며 연심(煉心)·연성(煉性)·연기(煉氣)·연신(煉神)〔태극권에서는 초보단계에 연형(煉形)을 필요로 한다〕 등을 강조한다. 즉 단지 겉으로 드러나는 형식이나 모양이 약간 다를 뿐이지 수련에 대한 제반 요구는 같거나 아주 비슷하다. 그 중 아래의 몇 가지가 특별히 닮았다.

---

53) 오파(五派) : 왕중양(王重陽)의 전진북파(全眞北派), 장자양(張紫陽)의 남파(南派), 이도겸(李道謙)의 중파(中派), 육서성(陸西星)의 동파(東派), 이서월(李西月)의 서파(西派)를 말한다.

첫째, “고요한 가운데서 움직임을 준비하고, 움직임은 마치 고요함과 같이 하라”

노자는 “지극한 허에 이르고 고요함을 지켜 뿌리로 돌아가는 것을 정(靜)이라 하고, 이를 복명(復命)이라 한다”고 하여 고요함을 수련하는 것을 대도와 서로 연결하였다. 원나라 말기의 전진(全眞) 도인인 왕도연(王道淵)은 『술금단공부(述金丹功夫)』에서 “대도는 무위이니 오묘한 이치가 깊다. 수련하는 것은 반드시 고요함 가운데서 찾으라”고 하였다.

허를 단련하고 고요함을 지키는 것은 내단공의 진결(眞訣)인데, 태극권을 연공할 때에도 고요함을 지키는 것은 중요하다. 시작하기 전에 전신에 힘을 빼고 자연스럽게 서서 몇 분 동안 있으면서 마음이 가라앉고 기가 조화를 이룰 때까지 기다린다. 장삼봉은 “마음이 평정을 얻으면 신이 응결되고, 기가 조화를 이루면 호흡이 조절된다”고 하였고, 태극권의 권론에서는 “고요함을 지키려거든 안으로 정신을 모으고 밖으로는 안일한 것처럼 보이게 하라”고 하였다.

그런데 여기서 말하는 고요함이란 단지 움직이지 않는 상태만을 뜻하는 것은 아니다. “몸은 비록 움직이지만 마음의 귀함은 고요함에 있다”는 말에서 드러나듯이 고요함 속에 움직임을 감추고 움직이는 듯하면서 고요함을 지킬 수 있어야 한다. 이렇게 될 때에만 정신이 완전히 이완되고, 정신의 긴장이 풀려야만 내장을 포함한 전신의 사지근골과 경맥이 모두 이완되어 일종의 특수한 상태로 들어가게 되는 것이다.

둘째, 자세마다 마음을 두고 헤아려라

장삼봉은 “뜻이라는 말을 잘 묶어두고 마음이라는 원숭이에게 자물쇠를 채우라”고 하였고, 내단 서파의 이서월(李西月)은 “시시로 뜻이라는 말을 지키고 각각으로 마음이라는 원숭이에게 자물쇠를 채우라"고 하였다. 태극권에서는 행공할 때 충분히 이완된 기초 위에서 모든 마음을 하나하나의 동작에 집중해야 하는데, 의념(意念)과 동작과 호흡이 하나가 되어야 한다. 태극기세를 예로 들면 먼저 뜻이 움직이고 뒤를 이어 몸이 따르는데, 두 손이 위로 천천히 들릴 때에는 마치 고무줄을 당기는 듯한 느낌으로 하고, 의념은 천지의 영기(靈氣)를 노궁혈(勞宮穴)[54]을 통해 흡수하여 마디마디를 뚫도록 한다. 이런 "뜻을 사용하되 힘을 사용하지 않는다[用意不用力]"는 원칙은 몸이나 손발에 동시에 적용되며 손이 어깨와 수평을 이루고 손목이 구부러질 때 뒤를 이어 무릎을 구부리면서 의념은 발뒤꿈치로 내려가는데, 이러한 발바닥의 무겁고 안정된 느낌과 손에서 가볍게 토해지는 느낌은 모두 의념이 동작을 이끄는 것이 된다. 그래서 "뜻을 중시하고 형을 중시하지 않으며, 뜻을 사용하되 힘을 사용하지 않는다"고 하는 것이다. 그리고 내단의 3대 요소 중의 하나인 '화후(火候)'도 실제적으로는 의념으로 심신이 통제되는 정도를 나타낸다고 할 수 있다.

셋째, 주천(周天)과 호흡

내단술의 대소주천공과 태극권은 모두 복식호흡을 사용하는데, 깊고 길고 가늘고 고르게 해야 한다. 시작할 때에는 자연스럽게 하고, 연공의 정도가 깊어져서 내단에서 말하는 태식이나 태극권에서 요구하는 '내호흡'이 나타날 때까지 기를 단전에 거두어들인다. 태극권 내공은 동작에 따라 벌어질 때 내쉬고 합쳐질 때 들이쉬며, 움츠릴 때 들이쉬고 퉁겨낼 때 내쉬고, 시작할 때 들이쉬고 마칠 때 내쉬는 등 호흡은 외형의 변화에 따라

---

54) 노궁혈(勞宮穴) : 수궐음심포경(手厥陰心包經)의 혈(穴). 주먹을 쥐면 가운데 손가락의 끝이 닿는 곳에 있다.

자연적으로 합쳐지게 된다. 태극권 내공의 발경은 독특한 방식을 가지고 있다. 그러나 대적할 때를 제외하고는 호흡이 내단술의 호흡과 일치한다. 최희범(崔希范)의 『입약경(入藥鏡)』에서는 "선천기와 후천기를 얻은 자(者)는 늘 취한 듯하다"고 하였다. 만약 선천기를 위주로 한다면 용천에서 시작하여 협척(夾脊)[55]을 지나고 니환(泥丸)[56]을 거쳐 단전으로 내려와 후천기와 만나게 되고, 두 기운이 합쳐지면 내단이 결성되고 태식이 이루어지게 된다.

태극권의 고수 역시 이 단전호흡을 중시하고 있다. 양징보(楊澄甫)는 『태극권사용법(太極拳使用法)』이란 저서에서 "기는 단전에 들어갈 수 있다. 단전은 기의 총 지휘센터인데, 여기에서 갈라져 사지백해로 들어가고 전신을 순환하게 된다"고 하였고, 손록당은 『진씨태극권도설(陳氏太極拳圖說)』이란 책에서 "내가 태극권을 연마할 때 호흡하는 곳은 단전이다. 권술(拳術)과 단도(丹道)는 하나의 이치인데 신장에서 나가고 신장으로 들어오는 것이 진정한 구결이다"라고 하여 보다 구체적이고 직접적으로 이에 대해 언급하고 있다.

넷째, 긴장을 풀고 이완한다

이 요구는 내단술과 태극권의 공통적인 기본점이다. 정공의 내단이나 태극권의 동작 혹은 내공 모두 이완을 요구한다. 부드러움과 매끄러움은 내단술과 태극권의 연공 후의 신체에 대한 표현이기도 하고, 동작 중 제일 기본적인 요구이기도 하다. 내단은 단지 부드럽게 이완한 기초 위에서 뜻과 기를 움직이고 정・기・신이 자연스럽게 결합하여 단을 이루며, 태극

---

55) 협척(夾脊) : 소주천(小周天) 과정에서 만나게 되는 배후삼관(背後三關) 중의 하나. 침구(鍼灸)의 영대(靈臺) 근처를 가리킨다.

56) 니환(泥丸) : 인당(印堂)에서 머리 뒤쪽으로 3촌 들어간 곳에 있다.

권 역시 이렇게 해야 비로소 기혈이 잘 소통되게 된다. 반대가 되면 전신이 딱딱하게 굳어지고 기혈의 운행이 방해를 받으며, 경락이 통하지 않고 호흡 역시 잘 통하지 못한다. 태극권은 전신을 이완해야 동작이 편해지고 빠르지도 느리지도 않은 상태에서 끊임없이 이어지게 된다. 또 절대 다수의 동작이 원운동을 하는데, 항상 원만하고 풍부함을 추구해야 하며 함몰되거나 돌출된 부분이 없는지 항상 살펴야 한다. 내단의 정좌나 태극권의 부드러운 움직임은 서로가 공통으로 공력을 촉진하는 효과를 가졌다.

다섯째, 입신중정(立身中正)

노자는 "청정함으로 천하를 바르게 한다", "바름으로 나라를 다스린다"고 하였다. 도가에서는 수중(守中), 불가에서는 허중(虛中), 유가에서는 집중(執中)을 강조하는데 이 가운데 '중(中)'자는 삼교 성인들의 심법(心法)이다. 장삼봉은 『도언천근설(道言淺近說)』에서 "대도(大道)는 가운데 '중(中)'자로부터 입문한다"고 하였다. '가운데'라 함은 지나치거나 모자라지 않고 구부러지지 않고 비뚤어지지 않은 곧음을 말하는데, 내단술에서는 자세와 화후에서도 중(中)을 강조한다. 몸을 바로 세우고 머리를 상투 끝에 줄을 매단 듯이 바로 세우게 되면, 앞뒤나 좌우 어느 쪽으로도 치우치지 않고 상하가 자연스럽게 직선이 된다. 행권이나 정좌, 참장 등을 막론하고 백회혈과 회음혈이 일직선이 되어야 하고, 앞에서는 코끝과 배꼽이 뒤로는 미려와 척추가 바로 서서 직선을 이루어야 한다.

3) 비슷한 내련법결(內煉法決)

내단술에 대한 단서는 비록 엄청나게 많지만 비밀스럽게 비유나 은유를 통해 숨겨둔 것이 많아 진결을 찾기란 그리 쉽지 않다. 그러나 어려움이 아무리 많아도 필경은 인체의 내련요소와 단계에 대한 언급일 뿐이다. 통상적으로 말하는 내련의 요소는 '약물(藥物), 정로(鼎爐), 화후(火候)'의 세 가지이다〔일부에서는 현관(玄關)을 포함시키기도 한다〕.

① 약물(藥物) : 『옥황심인경(玉皇心印經)』에서는 "뛰어난 약은 세 개가 있으니, 정・기・신이 그것이다"라고 하였다.

② 정로(鼎爐) : 일반적으로 하단전을 화로에, 두정(頭頂)의 니환궁을 큰 솥에, 중단전인 황정(黃庭)을 작은 솥에다 비유한다. 삼단전은 내련의 과정 중에서 각자 주가 되는 곳이 있으니 하단전은 정(精)을 주관하고, 중단전은 기(氣)를 주관하며, 상단전은 신(神)을 주관한다.

③ 화후(火候) : 내단에서는 신(神)의 운용을 화(火)라고 하고, 화를 움직이는 시각과 수량을 후(候)라고 한다. 수련가들은 일반적으로 인체운행의 리듬과 천지자연의 리듬을 대조하거나 어떤 것들은 주역의 괘상원리를 빌어와서 화후를 논술하는 것도 있는데, 이는 아주 복잡하다. 그리고 동시에 인체 내련의 구체적인 상황에 맞추어 영활하게 운용해야 한다. 태극권에서는 내단과 경락 혈위(穴位)를 서로 결합하여 뜻으로 기를 이끌어 가기 때문에 화후에 대해서는 내단만큼 엄밀하지는 않다.

내단수련의 단계를 처음으로 내단학설 속에 넣고 이를 그림으로 설명한 사람은 진희이(陳希夷)이다. 그는 송나라 초기의 사람인데, 도홍경(陶弘景)과 사마승정(司馬承楨) 등의 뒤를 이은 탁월한 도사이자 학자였다. 진희이는 수리(數理)에 아주 밝았는데 그것을 내단학설과 결합하고, 조기도교의 경전인 노자의 『도덕경』과 위백양의 『주역참동계』 및 종리권과 여동빈의 『영보필법』 등을 참고하고 선천팔괘도의 사상과 결합하여 '무극도(無極圖)'를 만들었다. '무극도'에는 오묘한 철학이론의 정수와 수련법칙이 담겨 있다. 진희이는 수련을 통하여 스스로 경험한 여러 가지 인체 내의 반응을 다섯 가지의 단계로 분류하였다. 무극도가 전해지게 됨에 따라 도교수련에 널리 이용되었고 내단학설에 대해 비교적 쉽게 이해할 수 있는 계기가 되어, 내단학설이 퍼지는 데에 결정적 역할을 하게 되었다. 어떤 사람들은 태극권의 몇 가지 층의 공부가 실제상으로는 태극내공의 몇 개 단계, 즉 '무극도'에서 말하는 수련단계라고 보기도 한다.

4) "태극은 무극이다"라는 '무극도' 수련체계

장삼봉은 진희이의 사상인 태극도를 계승하여 발전시키는 가운데 태극도 체계를 창립하여 단도(丹道)와 태극내공을 긴밀하게 연결시켰다.

명나라 말엽 황종염(黃宗炎)이 쓴 『역학변혹(易學辯惑)』「태극도설변(太極圖說辯)」에는 '무극도(無極圖)'가 다섯 개의 그림으로 나타나 있다. 이 그림은 수련으로 도달할 수 있는 각각의 다섯 단계를 대표한다(69쪽 그림 참조).

'무극도'는 진희이가 화산의 석벽에 조각을 함으로써 세상에 알려지게 되었다. 노자와 하상공에 의해 만들어졌고 위백양이 이를 얻어 『주역참동계』를 저술하였다. 후에 종리권에서 여동빈에게로 전수되며 여동빈은 진희이와 함께 화산에 은거할 때 그에게 전한 것으로 알려져 있다. 이것으로 보아 무극도의 사상은 4개의 연원을 가지고 있는 것 같다. 하나는 하상공이 노자의 사상을 발전시킨 우주생성론과 "뿌리로 돌아가는 것을 정(靜)이라 하고, 정을 일러 복명(復命)이라고 한다"는 신선이론이고, 두 번째는 위백양의 『주역참동계』에 나오는 화후와 연단학설이다. 세 번째는 종리권과 여동빈의 내단이론 체계를 계승한 것이고, 네 번째는 진희이가 스스로의 역리를 바탕으로 단도에 대해서 논한 것이다. 무극도는 방사(方士)의 수련하는 방법으로 황제와 노자의 철학사상을 더욱 발전시켜서 거꾸로 거슬러서 수련을 하면 단을 이룰 수 있고 아울러 득도하여 신선이 될 수 있다는 사상이다.

무극도의 형상을 살펴보기로 하자.

"'무극도'는 아래에서 위로 가는데 이는 거슬러 올라가므로 단을 이룰 수 있다는 것을 밝히는 것이다. 무극도에서는 수화(水火)를 중시한다. 화의 성질은 위로 타는 데에 있지만 반대로 아래로 끌어내리면 화는 지나치게 뜨겁게 타오르지 않고 따뜻하게 길러진다. 물의 특징은 아래로 흐르는 데에 있지만 거슬러서 위로 올라가게 하면 심하게 젖지 않고 촉촉이 적시며 광택이 난다. 맨 아래쪽에 있는 원은 현빈(玄牝)이라고 하는데, 현빈은 곡신(谷神)이다. 빈은 규(竅)[57]를 의미하고 곡은 허(虛)를 나타내어 양쪽 신장 사이의 명문(命門)을 가리킨다. 인체의 기는 모두 여기에서 생기기 때문에 조기(祖炁)[58]라고도 한다. 보통사람의 오관(五官)이나 백해(百骸)의 운용과 지각은 모두 여기에 뿌리를 두고 있다. 그래서 이 조기(祖氣)를 위로 들어 올리는 것이다. 조금 위의 원은 연정화기와 연기화신이라고 한다. 유형의 정을 단련하여 무형의 기로 변화시키고, 호흡의 기운을 단련하여 신(神)으로 바꾸어 오장육부에 가득하게 한다. 그리고 중간층의 왼쪽에는 목(木)과 화(火)가, 오른쪽에는 금(金)과 수(水)가 있는데, 가운데서 위로 연결하여 하나의 원을 그리면 이것을 오기조원(五炁朝元)이라고 하며, 수화가 서로 만나 잉태를 함을 뜻한다. 그 위의 흑과 백이 서로 뒤섞인 원은 취감전리(取坎塡離)라고 하며 성태(聖胎)가 이루어짐을 뜻한다. 제일 위의 원은 연신환허라고 하는데 다시 무극으로 돌아가서 효용이 지극함을 의미한다. 시작할 때에는 규를 얻어야 하고, 다음에는 연기해야 하며, 다음은 화합이고, 다음은 약을 얻는 것이며, 마지막에는 탈태(脫胎)하여 신선이 되는 것

57) 규(竅) : 신체에 존재하는 구멍을 이르는 말. 명규(明竅)와 암규(暗竅)가 있다.
58) 조기(祖炁) : 몸 안에 존재하는 모든 기(炁)의 뿌리, 또는 선천적으로 부모한테서 물려받은 기.

을 구하니 정말 장생의 비결이다."

'무극도'에서 진희이는 성명쌍수(性命雙修)의 구체적인 단계를 밝히고 있는데, 우선 명(命)을 수련하는 것을 시작으로 한다(태극권에서도 우선 명공을 단련하는 것을 위주로 하며, 고급단계에서는 성을 수련하게 된다). 즉 '현빈의 문'을 인식하고 규를 지키는 것인데, 이것은 첫 번째의 원이 나타내고 있는 바이며 태극핵이 있는 곳이다. 그는 "사람은 어리석거나 현명하거나 또는 질의 고하를 막론하고 누구나 원래의 완전함을 얻어 본성을 볼 수 있다. 현빈의 혈은 묘한 기운이 도는 곳인데……"라고 하여 여기가 인체의 근원임을 밝히고 있다. 중의학에서는 양쪽 신장의 가운데를 명문(命門)이라고 하는데, 명문은 원기의 근본이고 인체 열에너지의 발원지이기 때문에 '생명의 문'이라고 하며, 태극권에서 "시시각각으로 허리 사이에 유의하라"고 하는 곳이다.

비록 생명의 문을 알았다고 하더라도 다시 규를 얻어야 한다. 규를 얻는다 함은 연공할 때 마음을 가라앉히고 의념을 단전에 집중한다는 것이다. 이것이 바로 현대 기공에서 말하는 '의수단전(意守丹田)'이다. 후기 내단가들은 이것을 '축기(築基)'라고 불렀는데 집을 지을 때 기초를 튼튼히 해야 훌륭한 집을 지을 수 있는 것에 비유한 말이다. 이것은 내단수련과 태극내공 또 태극권의 기초 수련법이 된다.

이런 기초 위에다 유형의 정을 단련하여 무형의 기로 변화시키고, 다시 기를 단련하여 미묘한 신으로 화하게 한다. 이것이 두 번째 단계인 '연기(練己)'이다. 정·기·신은 생명의 3대 원소이다. 따라서 단경에서는 이를 삼보(三寶)라 한다. 삼보 가운데 정(精)은 물질 기초이다. 본래 선천에 속하지만 형과 질을 가지고 있는 음물(陰物)이어서 임독맥을 따라서 순환할 수 없다. 임독맥을 따라서 순환하기 위해서는 가볍고 질이 없는 것이 필요한 바, 정·기·신을 합쳐서 기와 신으로 만드는 과정이 필요하게 되는데 이것을 연정화기라고 한다. 그 중에서 '연기'는 가장 기본적인 수련으로 전체적인 연단과정에서 잠시라도 떠날 수 없는 것이다. 납갑학설(納甲學說)에 따르면 '기(己)'는 팔괘의 '이(離)'괘이고, '이(離)'괘는 인체에 있어서는 심장에 해당된다. 따라서 '기(己)'는 바로 의념(意念)을 가리키는 것이다. 즉 연기라는 것은 의념을 집중하여 신과 형이 안정을 찾도록 하는 것이다.

연기와 수심을 통해 안정을 찾고 입정을 하게 되면 정이 극에 달하여 고요하고 황홀한 가운데 단전에서 움직임이 느껴지게 된다. 이때가 바로 약이 만들어지는 시간이다. 진희이는 이에 대하여 "고요하고 어두운 가운데 하나의 징조가 나타나니 황홀하며 피차가 나누어지지 않는다. 중간에 어떤 물건이 이를 주재하니 바로 세간에서 말하는 진종자(眞種子)이다"라고 하였다. 진종자라고 하는 것은 바로 이런 과정을 통하여 만들어진 약물인데 정과 기의 혼합물이다.

몇 번의 연정화기를 거친 후에는 연기화신의 단계로 접어든다. 연기화신의 첫 번째 관문은 정과 기를 합쳐서 '단모(丹母)'라고 부르는 양기를 이루는 것이다. 두 번째의 관문은 다시 정과 기를 합쳐서 수련하여 기가 신으로 돌아가게 하는 것인데, 이를 '대환단(大還丹)'이라고 하며, 이것이 요즘에 '대주천(大周天)'이라고 불리는 것이다.

대주천은 운기하여 순환하는 것을 가리키는 것이 아니라, 마음을 씻고 사려를 조절하여 기가 자연스럽게 훈증(熏蒸)되고 전신을 골고루 감싸며 단전에서 합쳐지게 되어 유위(有爲)의 과정에서 무위(無爲)로 넘어가는 단계이며, 기는 원래의 작은 움직임에서 움직임이 없이 전부 신으로 화하여 기와 신이 합일되고 최후에는 단지 원신(元神)만이 남게 된다.

태극권 등의 내가권술은 실제상 내호흡과 기를 기르고 신을 지키는 것을 주요한 특징으로 한다. 단지 태극권 내공은 움직임을 통해 고요함을 이루는 것이고, 내단은 고요함 속에서 움직임을 찾아내는 것이다. 태극의 음양은 고요함이 극에 이르면 움직임이 생기고 움직임이 극에 이르면 고요함이 나타난다고 하는데, 이는 내단의 수련법과 별 차이가 없다. 이 원은 연정화기와 연기화신의 관건이 되는 수련으로 내단과 태극내공이 완전히 일치하는 곳이다. 권법의 내공이 손 선생(孫先生)이 말한 "아랫배가 단단해진 때"에 이른다 해도 이것은 축기가 이루어진 것일 뿐이며, 계속하여 대소주천을 이루는 연기의 공부가 남아 있다. 이미 기초가 있는 태극권 내공의 수련자는 이때에 일정한 생리적 감각과 변화를 느끼고, 진양(眞陽)이 발동됨을 감지하여 수련이 깊어지는 계기가 된다. 태극권을 수련할 때 의념으로 진기를 이끌어 단전에 잠시 머무르게 한 후 항문을 움츠리며 신(神)으로 호흡을 이끌어 돌리는데, 미려(尾閭)[59]에서 협척(夾脊)으로 다시 옥침(玉枕)[60]을 거쳐 백회(百會)[61]로 끌어올린 다음 아래로 내린다. 이렇게 반복하다 보면 사지가 텅 비고 마치 목욕을 하는 것 같은 편안한 감각이 나타나는데, 이때에는 내장이 튼튼해지고 신체의 여러 기능들이 증강되어 수련은 다음 단계로 진입하게 된다.

여기서 다시 위로 올라가면 세 번째 원인 '오기조원(五氣朝元)'이 나타난다. 이 단계는 원신을 움직여 오장육부를 두루 관통하며 오장을 단련한다. 그림에 나타난 오행은 오장을 가리킨다. 오장을 내련할 때의 요구는 "눈은 빛을 안으로 거두어들이고, 귀는 소리를 응결시키며, 코는 호흡을 조절하고, 혀는 기를 봉하고, 다리를 포개어 앉아서 신(神)을 가라앉혀 안

---

59) 미려(尾閭) : 소주천(小周天) 과정에서 만나게 되는 배후삼관(背後三關) 중 하나. 미저골(尾骶骨) 근처에 있다.

60) 옥침(玉枕) : 소주천(小周天) 과정에서 만나게 되는 배후삼관(背後三關) 중 하나. 침구(鍼灸)의 아문(啞門) 근처에 있다.

61) 백회(百會) : 임맥(任脈)의 혈(穴), 양쪽 귀를 접어서 제일 뾰족한 곳을 서로 연결한 정점(頂点)에 있다.

을 지키게 하며, 마음을 조금이라도 밖으로 내보내서는 안 된다"이다. 만일 눈이 보지 않으면 혼(魂)이 저절로 간(肝)으로 돌아가고, 귀로 듣지 않으면 정(精)이 절로 신(腎)으로 가며, 혀가 소리를 내지 않으면 신(神)이 심(心)으로 돌아가고, 코로 냄새를 맡지 않으면 백(魄)이 폐(肺)로 돌아간다. 사지를 움직이지 않으면 뜻이 비(脾)로 돌아간다. 이 다섯 가지가 모두 밖으로 흘러나가지 않으면 정(精)·신(神)·혼(魂)·백(魄)·의(意)가 서로 모여 하나의 기운을 형성하고 단전에 모이게 된다.

다섯 가지 기운이 서로 섞여 단전에 모이면 화합하여 '성태(聖胎)'가 만들어진다. 이것이 바로 '취감전리(取坎塡離)'의 단계로 네 번째 그림에 나타난 것이다. 이 단계는 내단술의 핵심이고 태극권에서는 이 경지를 신권(神拳)이라 부른다. 장삼봉은 "환단(還丹)을 수련하기 전에 먼저 성(性)을 닦고, 대약(大藥)을 수련하기 이전에 미리 마음을 닦으라"고 하였다. 조금씩 단련해 나가는 내단술과 태극권의 연공과정에서 세 번째의 원에 해당하는 오기조원(五氣朝元)의 수련은 상당히 어렵다. 내단의 정좌는 언제든지 오행을 움직이고 여섯 문호를 굳게 닫아 기를 단전으로 모으는 것이 가능하지만, 태극권을 단련하면서 정(精)·신(神)·혼(魂)·백(魄)·의(意)를 서로 하나가 되게 하는 것은 일반적인 사람들의 마음으로는 이룰 수 있는 것이 아니다. 이와 함께 오관이 하나로 협조하여 일치하고 손발이 하나가 되며 호흡과 의념, 그리고 동작이 하나가 되어야 비로소 '취감전리(取坎塡離)'의 단계에 다다를 수 있게 된다.

이렇듯 가면 갈수록 정좌가 많아지고 권술의 연마가 적어지는 내련공법은 많은 태극권 고수들을 중간에서 포기하게 만드는 원인이 되기도 하였다. 이렇듯 내련에 대한 요구는 갈수록 높아지고 심지어는 직접 명공에서 성공으로 바뀌어지도록 한다. 따라서 '취감전리'의 단계에 도달한 사람은 손발을 휘두를 필요가 없이 신과 의를 단련하는 것을 위주로 해야 한다.

이런 단계에 도달했을 때 비로소 "뜻을 주시하고 형을 중시하지 않는다"라고 일컬어질 수 있다.

그림의 오른쪽은 감괘(坎卦)인데 음 중에 양을 포함하고 있으며 신장을 뜻하고, 물 속에 녹아 있는 생기를 뜻하며, '진수(眞水)' 혹은 '호(虎)'라고 불린다. 왼쪽은 이괘(離卦)인데 양 중에 음을 포함하고 있다. 사람의 몸에서는 심장에 해당되고 불에 속하며 '진화(眞火)' 혹은 '용(龍)'으로 불린다. 진희이는 "심신이 서로 교류하고 수화(水火)가 기제(旣濟)하면, 감괘 중 일양(一陽)을 이괘 중의 일음(一陰)에 채워 넣어 이괘를 순양(純陽)의 건괘(乾卦)로 변화시켜서, 후천에서 선천으로 복귀하는데, 이것을 일러 약을 얻어서 성태(聖胎)를 만든다고 한다"라고 하였다.

'성태' 즉 내단은 신과 기가 합쳐져서 생긴 것이다. 오충허는 『천선정리직론(天仙正理直論)』에서 "대단이 이루어지려면 먼저 신(神)이 기(氣) 속으로 들어가야 한다. 다음에 기가 신을 감싸게 하여 마치 태아가 태중(胎中)에서 호흡 없이 지내는 것과 같이 하는데, 사실은 완전히 호흡이 없는 것이 아니라 생멸(生滅)하는 조기(祖氣)가 아직 있고 출입의 흔적이 남아 있다. 마치 태가 출산하려고 할 때와 같으니 이를 비유해서 말하기를 '회태(懷胎), 이태(移胎), 출태(出胎)'라고 하였다. 감리(坎離)가 서로 만나 이루어진 이것은 바로 태극이다"라고 하였고, 진희이는 "하나의 기가 교감하여 발동하면 만기(萬氣)가 모두 구비되게 된다. 고로 태극이라 이름하는데, 즉 나의 몸이 생겨나기 이전의 면목이다"라고 하였고, 또 "현묘함을 수련하는 데에는 다른 방법이 없다. 단지 마음을 가라앉히고 내가 명을 받은 곳을 인식하여 그것을 기르고 보호하는 것뿐이다. 고로 뿌리로 돌아간다고 하며 복명(復命)이라고도 하는데 마음을 가라앉히고 신을 하나로 모은다는 범주를 벗어나지 않는다. 수련자가 여기에 이르면 '득규(得竅)'·'연기(練己)'·'화합(和合)'·'득약(得藥)'의 4단계를 거쳐 정·기·신이 합쳐진 결과로 단지 원신(元神)만이 남게 된다"라고 하였다. 이때에는 유위(有爲)에서 무위(無爲)로 넘어가며 명공(命功)에서 순수한 성공(性功)으로 바뀌게 되어 텅 빈 것을 관조(觀照)하며 수시로 입정(入靜)에 들게 된다. 또한 이것은 권법에서 무법(無法)으로 유법(有法)을 대적하고, 불변(不變)함으로 만변(萬變)에 대응하는 자연법칙으로 모든 것이 자연으로 돌아가게 되어 연신환허(煉神還虛)의 단계로 접어들게 된다.

연신환허하여 다시 무극으로 돌아가는 것은 '무극도'의 최고 경지이다. 또한 태극권 내공의 "권도 없고 뜻도 없다"는 일종의 허공경계를 이른다. 진희이는 『지현편』에서 "만약 마음이 공함을 체득하면 아무 것도 없어지게 되니, 무슨 생사가 있으며 어디에 걸릴 것이 있는가? 하루아침에 30번의 태(胎)를 바꿔 입으니 천지와 더불어 소요하는 대장부가 되어 보세"라고 했는데, 바로 이 생사를 초탈하여 해탈의 경지를 얻은 것이다. 고대의 단가들은 ○을 이용하여 무극을 나타내고 허공을 대표했는데, 모든 것이 원만하고 밝은 최초의 본원을 의미한다. 이것은 '무극도'가 내단수련과 태극권 내공의 모든 과정을 계통적으로 언급하고 있음을 뜻한다. 이런 최고의 경지에 대한 추구 가운데서 만일 권법의 기술로 말한다면, 두 번째 원의 단계에서도 이미 천하에 적수가 적을 정도의 고수가 되고 오기조원의 경지에 이르게 되면 오장의 내기가 상해를 받지 않으므로 단지 기를 기르고 신을 지키기만 하면 된다. 다시 음양이 서로 합하여져 취감전리의 단계가 되어 '득약(得藥)'의 경지에 이르면 천하무적이 된다. 그러나 오기조원 이후의 정공(靜功)과 구년면벽(九年面壁)은 권법을 사용하는 사람들이 이루기 너무나 어렵다. 따라서 권법에서는 이 단계의 허하고 고요한 경계를 유지하는 것을 일러 '권도(拳道)'라고 하였다. 다시 권도에서 대도로 들어가는 것은 마음과 뜻이 허하고 고요해지는 자연의 공부이다. 권도에서 마지막에는 대도와 합쳐지고자 하는 추구는, 진정으로 명백하게 권법의 이론과 단도를 아는 사람이 천신만고를 두려워하지 않고 비로소 대도의 문을 두드려 열 수 있게 된다. 연기화신은 둘을 합하여 하나가 되는 것이고, 연신환허는 하나가 무극으로 돌아가는 것이다. 이것은 거꾸로 거슬러 수련하여 근본으로 되돌아가는 계통을 구성하고 있고 소위 "거스르면 신선이 된다"는 말의 구체적 표현이며 내단을 수련하는 인체과학의 원리이다.

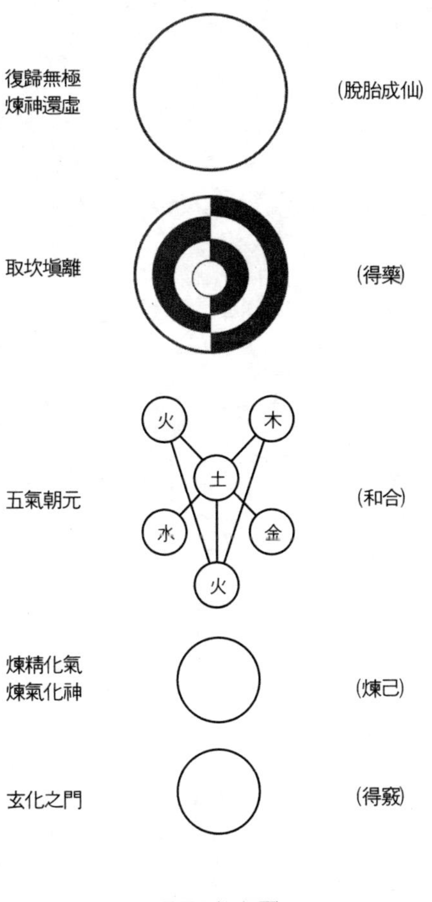

<무극도(無極圖)>

제2장

무당삼봉태극권에 대하여

제1절 · 무당삼봉태극권의 원류
제2절 · 무당삼봉태극권의 특색
제3절 · 무당삼봉태극권에 대한 간단한 소개

제1절 무당삼봉태극권의 원류

1. 무당삼봉태극권의 출현

앞 장에서 우리는 도교태극권의 존재와 가치 및 역사연원에 대해 언급한 바 있다. 그러나 태극권은 무술을 상대적으로 경시하여 문자로 남기지 않거나, 혹은 비전으로만 계승된 도교의 보수적인 전통 때문에 지금에 이르러 계통적인 원류나 전승된 법맥들을 알아내기에는 상당한 어려움이 있다. 그렇지만 수많은 학자들과 권법가들의 연구에 힘입어 도교태극권이 고대의 도가와 도교에서 수련의 방편으로 비밀리에 도교 내에서 계승되어 오다가 무당의 도교를 중흥시킨 장삼봉(張三丰)이 이를 집대성하고 세상에 널리 알렸다는 것이 밝혀지게 되었다.

필자의 생각으로는, 노자가 도와 덕의 사상을 통해 세간의 만사만리를 명백히 논술하고, 청정무위한 도와 유무가 서로 생(生)하는 음양 태극도의 모델을 만들어 인체 양생학의 기초를 확립하고, 노자의 학설을 계승하여 방술과 도법을 결합하여 만들어진 도술이 바로 태극술이다. 갈홍(葛洪)은 조기의 도교태극법술의 전승에 결정적인 영향을 끼친 인물이다. 그 후 남북조 시대에 한공월(韓拱月)이 정령세(程灵洗)에게 전했고, 그 뒤로 계속

이어져 '소구천(小九天)'이라 불리는 태극권의 원형이 탄생하게 되었다. 당나라 때의 도사인 허의평(許宜平)은 37세(勢) 태극장권을, 이도자(李道子)는 유식태극공을 전했다. 또 '선천권'·'후천법' 등의 민간 태극공도 있는데, 이들은 모두 도가의 인물과 깊은 관계를 가지고 있다. 북송 때에는 '무당단사(武當丹士)'로 불리는 장삼봉이 내가파무술을 창시했고, 원·명 시기의 도사인 장삼봉은 북송 장삼봉의 뒤를 이어 태극권을 발굴하고 정리하여 태극권과 도교의 수련대도를 완전히 합일시켜 이론과 실천이 완비된 태극도 수련체계를 만들어냈다.

당대에 도가나 도교의 이름이 들어간 태극권은 단지 무한(武漢) 고도자(古都子)의 '도가운방태극권(道家云房太極拳)'밖에 없고, 도교무당삼봉태극권과 연원이 있는 것으로는 요녕 호소화(胡紹和)의 '무당삼봉태극권'이 있으며, 무당산도교무관(武當山道教武館)의 관장이자 총 코치인 종운룡(鍾雲龍) 도장과 무당삼봉무관의 관장인 유현덕(游玄德)에게 전승된 태극권 계열이 있다. 비록 『무당권의 연구』나 『내가무당파술비(內家武當派述秘)』 등의 저서에 무당파 무술의 전승 상황이 기록되어 있기는 하나, 도교 문중에서는 권술을 밖에다 노출시키지 않기 때문에 정식으로 공개된 것은 그다지 많지 않다.

장삼봉은 무극권 12식과 태화권 8식, 태극권 16식을 선후로 창시했으나, 후에 세 가지 권술의 정화를 모아 태극권 36식을 만들었다. 뒤를 이어 계속 전승된 것은 이 36식의 태극권이었으나 계속하여 도가 내의 인사들이 이 태극권에 대해 연구하고 개량하여 108식으로 확충했으니, 이것이 바로 우리와 약간 차이가 있는 호소화의 무당삼봉태극권이다. 필자가 선사에게서 전수받은 권법의 정확한 명칭은 '무당삼봉원식태극권(武當三丰原式太極拳)'이었으나 호소화의 무당삼봉태극권이 대표성이 훨씬 강하다고 생각하여, 본서에서는 무당삼봉태극권으로 이름을 바꾸었다.

2. 장삼봉의 평생과 창권(創拳)

장삼봉은 도교와 무림 역사상 가장 독특한 색채를 가진 인물 중의 하나이다. 황실의 정사인 『명사(明史)』와 민간의 야사에 모두 신비한 인물로 나타나는데, 종적을 알 수 없고 도력이 고심막측하여 도교사상 노자나 여동빈 등에 비길 만하다. 먼저 『명사』 「방기권(方技卷)」에 나타난 장삼봉의 일생을 살펴보자.

"장삼봉은 요동 의주 사람이다. 이름은 전일(全一)인데 일명 군보(君寶)라고도 한다. 삼봉은 그의 호이다. 키가 크고 풍채가 좋았으며 큰 귀에다 둥그런 눈, 수염은 마치 창과 같았다. 날씨가 춥거나 덥거나 상관없이 늘 같은 옷을 입고 다녔으며 먹는 것을 보면 한 번에 말로 지은 밥도 쉽게 먹었는데, 혹은 수일 만에 한 번 먹거나 혹은 수개월 동안 먹지 않았다. 책을 한번 보면 잊지 않았고, 정해진 곳이 없이 여기저기를 떠돌았는데 혹자는 하루에 천 리를 간다고 말하기도 하였다. 장난을 좋아하여 어떤 때에는 방약무인한 것 같기도 하였다. 어느 날 무당산(武當山)에 유람왔다가 사람들에게 말하기를, "이 산은 다음에 크게 흥할 것"이라 하였다. 그 당시는 오룡(五龍), 남암(南岩), 자소(紫霄) 등이 모두 병란에 의해 훼손되어 장삼봉은 그의 제자들과 함께 형진(荊榛)으로 갔다.

태조가 오래 전부터 그의 이름을 듣고 홍무 24년에 사자를 보내어 불렀으나 가지 않았다. 후에 보계(寶鷄)의 금대관(金台觀)에 거주했는데 하루는 스스로 죽는다고 사람들에게 말하고 노래를 남기고 죽었다. 현의 사람들이 관을 구하고 염을 하여 장사를 지냈다. 장사가 끝난 후 관 속에서 사람 소리가 들려 사람들이 들어가 보니 죽었던 장삼봉이 살아 있었다. 사천 일대를 돌아다니다가 촉나라의 헌왕을 만나기도 하였다. 다시 무당에 들어갔는데 갈수록 종적이 무상했다.

영락(永樂) 연간에 성조(成祖)가 다시 사람을 보내어 찾아보도록 했으나 수년 동안 만나지 못했다. 이후에 공부시랑 곽진(郭進)과 융평후(隆平侯) 장신(張信) 등에게 명하여 30여만 명의 장정들을 감독하여 무당의 궁과 관을 짓게 했는데, 비용으로 수백만이 사용되었다. 다 짓고 난 후 대악태화산(大岳太和山)이라 이름을 짓고, 관을 개설하고 인(印)을 만들어 지키게 했는데 장삼봉에게 맡기고자 하였다.

혹은 장삼봉이 금나라 사람이라고 하는데, 원나라 초에 유병충(劉秉忠)과 같이 공부하다가 후에 녹읍의 태청궁에서 수도하였다. 그러나 이는 믿기 힘들다. 천순(天順) 3년에 영종이 통미현화진인(通微顯化眞人)으로 봉했는데 그의 존망을 아는 이가 없다."

이 부분에서 장삼봉의 관적과 도술, 주요 경력, 조정에서 그를 찾고 무당을 중흥한 일 등은 기본적으로 사실에 속한다. 그러나 그의 생몰연대에 대한 기록이 없기 때문에 역사학계나 무술계, 종교계의 각자 다른 관점을 만들어내게 되었다.

무당무술과 장삼봉의 무공에 대한 연구로 주목할 만한 것은 1980년대와 1990년대 초에 국가체육위원회의 과교사와 무술연구원의 지지 아래에 호북성체육위원회, 무한체육학원, 단강구시의 무당권법연구회 등이 협력하여 연구한 『무당권파의 원류, 권법체계와 내용에 대한 연구』이다. 이 연구는 과학진보 3등상을 받았는데, 연구 결과 아래의 몇 가지는 이미 완전한 증명을 통한 인정을 받았다.

① 장삼봉은 확실히 존재했던 사람이다.

② 장삼봉의 창권에 대한 것은 믿을 만하다.

③ 무당의 무공은 객관적으로 존재하며 독특한 이론체계와 기술체계를 가지고 있다.

④ 무당 무공의 존재와 발전은 역사 속에서 여러 갈래로 갈라지고 다양

한 많은 사람들의 연구와 노력에 의해 점점 나아지게 되었다.

⑤ 이른바 "장삼봉이란 사람은 허구인물이다" 혹은 "무당파에 권술이 없다"는 등의 말은 부정할 수 있다.[1)]

1) 장삼봉에 대한 평설

필자에게 태극내단과 태극권사 및 이론을 가르쳐주신 스승인 담대강(潭大江) 선생님은 「무당권 연구」라는 연구 프로그램에 참여한 적이 있기 때문에, 무당의 무공과 관련된 대량의 자료를 가지고 있는데, 그가 쓴 『내가파무당술비』의 제4장에는 대량의 공정하고 객관적인 사실을 근거로 하여 장삼봉 조사의 진실에 대해 밝히고 있다. 필자는 본래 여러 군데에서 여러 스승을 모시고 공부했는데, 그 분들 역시 장삼봉은 한 분이 아니라 두 분 이상 심지어는 세 분일 가능성도 있다는 것이었다.

장씨는 역사상 황제가 된 적이 없는 성씨이다. 그러나 도교 내에서 신선이나 조사가 된 분들은 다른 어떤 성씨보다 많다. 그리고 중국의 문자 특성에 따라 동명이인이 생길 수 있는 가능성 역시 크다. 또한 이 삼봉이란 이름은 주역팔괘에 정통한 사람이 '효(爻)'를 이용하여 지은 것이기 때문에〔삼봉(二丰)은 건괘와 곤괘를 합친 모양이다〕 중복될 가능성은 더욱 많다고 하겠다. 이전에 『무당권 연구』를 집필하는 과정에서 찾아 본 결과에 의하면 도교 내에 최소한 이십여 명의 이름이나 자 혹은 호가 장삼봉이었으니, 이는 이 이름이 한 사람에 의해 사용되던 것이 아니었음을 증명한다. 본래 황종희(黃宗羲)가 말한 '북송 때의 장삼봉'과 『명사(明史)』에 기재된 장삼봉은 다른 사람이다. 또 어떤 사람은 조사가 보계의 금대관에 거주할 때 아름다운 세 개의 산봉우리가 앞에 있었다고 하여 호를 삼봉이라고 했

1) 『무당권 연구의 전언』, 북경체육대학출판사, 1992년 7월 출판.

다고 한다. 필자가 처음에 정식으로 도문에 귀의한 곳은 구궁산(九宮山)인데 구궁산의 단경궁 앞에 보면 세 개의 산봉우리가 솟아 있다. 그래서 조정에서 파견한 도사였던 장도청(張道淸) 역시 구궁산에 살면서 스스로의 호를 삼봉이라고 하였다. 그는 무술과 도술을 겸비하여 우화등선한 후 시체가 648년 동안 썩지 않은 채 보존되어 있었는데, 태평천국의 난 때 병사들에 의해서 훼손되고 말았고, 지금은 단지 당시 시체를 보관했던 진군전 석탑만 남아 있다(『구궁산지(九宮山志)』에 기재되어 있다).

그는 남송 소흥(紹興) 6년(1136년) 음력 5월 20일에 태어났고 개희 정묘년(1207)년 우화등선했다고 하는데, 648년 동안 시체가 보존되어 있었음을 전하는 『구궁산지』가 후세 사람을 속이기 위하여 억지로 조작되지는 않았으리라 본다.

그 밖에 두 사람이라는 설에 의하면 원·명 시기의 장삼봉은 남송 때의 장삼봉이 등선한 지 약 200년이나 지난 시기에 활동했고, 또 송원교(宋遠橋)와 장송계(張松溪)를 중심으로 하는 무당7자가 이도자를 배방(拜訪)하면서 만난 장삼봉은 송원교의 생존연대(1506~1571)를 본다면, 이때 원·명의 장삼봉은 역시 이삼백 세의 노인이어야 하는데, 일반적 기준으로 본다면 이는 불가능한 것이 된다. 만약 『송씨태극권원류지파의(宋氏太極拳源流支派議)』라는 책이 사실이라면 이는 제3의 장삼봉이 된다.

만약 송원교와 장송계가 본 것이 사실이라면 두 사람이라는 설 중에서 홍무(洪武) 연간에 보계산에서 무당으로 들어오고 성조가 찾으려고 했으나 찾지 못한 장삼봉은 순전히 정치적 목적을 위하여 만들어진 허구적 인물이 된다. 심지어는 보계산에서 장삼봉을 보았다는 장용조(張用朝)가 황제에게 거짓 보고를 하여 작은 관직이라도 얻어보려는 욕심에 지어낸 말이라는 것이 된다.

그러나 만약 보계산 금대관에서 죽었다가 살아난 것이 사실이라면 그의 벽곡이나 태식, 비승 등의 공력이 절정에 도달했다는 것이 되는데, 그렇다면 단지 명나라 때에만 활동했을 뿐 아니라 송나라 말이나 원나라 때에도 활동했을 것이고, 몸을 남겨 수백 년을 간다는 것도 아주 쉬운 일이다. 또 그런 그가 일종의 권술이나 공법을 창안하고 몇몇 제자에게 그것을 가르치는 것은 아주 작은 일이라 할 수 있다.

또 만일 금대관에서의 일이 가짜라고 할지라도 많은 사실들을 종합적으로 분석해 보면, 장삼봉이란 인물의 지명도가 상당히 높아서 영락황제조차 억지로 그의 이름을 빌어서 정치적으로 이용한 것이 되는데, 그렇다면 단지 허명만을 얻은 것이 아닌 실력자가 태극학설이 풍미하던 송나라 때에 태극을 이용한 내가권술을 만드는 것도 이치에 합당한 일이다.

필자의 스승인 담(潭) 선생님의 결론은 아래와 같다.

① 북송 시기의 장삼봉은 황종의(黃宗義)의 학문에서 사실을 추구하던 학풍이나 왕어양(王漁洋)의 방증 또 『장송계전』의 기록 등을 근거로 하면 확실히 존재했던 내가파의 기초를 만든 사람이다.

② 원・명 시기에 보계의 석비나 많은 역사적 문헌 또는 도문 내에 남아 있는 아주 많은 자료들을 통하여 확실히 삼봉이라는 도호의 고인이 존재했었고, 그는 내단과 무술의 경지가 아주 뛰어났다.

③ 현존하는 자료를 보면 장삼봉이 활동하던 연대에 대한 모순이 너무 크다. 따라서 명나라 때 송원교나 장송계가 보았다는 인물은 제3의 장삼봉일 가능성이 있다.

여기에다 필자의 생각을 덧붙인다면, 유룡의 일맥을 계승하고 태극이론을 집대성하여 무당에서 내가의 종풍을 열고 황로(黃老)의 도술을 이어갔으며, 태극도의 체계를 위주로 하여 득도하고 신선이 된 조사인 장삼봉은 분명히 한 분일 것이라 본다.

2) 장삼봉의 창권에 대해

청나라 때 황백가(黃百家)가 쓴 『내가권법(內家拳法)』에서 언급한 「왕정남묘비명(王征南墓志銘)」과 『영파부지(寧波府志)』의 「장송계전(張松溪傳)」 등의 자료에서 공통적으로 언급하고 있는 것은 "무당단사 장삼봉은 내가권의 기초를 마련한 분이고, 꿈에서 원제(元帝)를 만나 권법을 얻었다고 하며, 그 다음날 아침 도적떼와 만나 혼자서 수백 명을 죽였다"고 한다. 이 설에 대해서는 사학가와 무술가들 사이에서 많은 쟁론이 있었다. 그러나 도교 수련 인사들이나 연공에서 높은 경지에 간 분들은 모두 "꿈에서 원제를 만나 권법을 얻었다"는 말에 긍정적인 태도를 취하고 있다.

필자에게 태극권이론을 가르쳐 주신 은사인 담대강 선생은 『내가무당파술비(內家武當派術秘)』란 책에서 단도의 오묘한 이치와 고문자(古文字)에 대한 연구를 통해 이 현상에 대해 확실하게 해석하였다.

우리가 지금 알고 있는 것처럼 도가에서는 태극권을 단도의 동공(動功)으로 여겨왔다. 그러면 내단이란 무엇인가? 사실은 내기(內氣)를 말한다. 고대 단경들에는 내기가 진기 혹은 원기 등으로 표현되어 있는데, 현대적인 과학지식으로 비유한다면 이것은 인체가 생명의 활력을 유지하는 데에 필요한 정보와 에너지 그리고 물질의 종합적인 원천이다. 마찬가지로 우주가 생명을 유지하기 위해 필요한 것이기도 하다. 이것은 우주의 어느 곳이나 없는 곳이 없고, 기능은 오묘하고 무궁하여 옛 성현들은 이것을 일러 신(神)이라고 했는데, 그 뜻은 음양을 측정할 수 없다는 것이다. 『역(易)』에 이르기를 "음양을 측정할 수 없는 것을 신이라고 한다"고 했고, 『설문(說文)』에서는 "'제(帝)'는 살핀다는 뜻이다. 천지의 호이다"라고 하여 신과 제의 원시적인 뜻은 일체자연을 주재하는 힘을 나타내는 철학적 개념을 표시하는 용어였을 뿐 결코 신선이나 황제만을 가리키는 것은 아니었다. 단지 후대에 이르러 천제(天帝)와 황제(皇帝)가 하늘과 땅을 다스린다고 하여 이 '제(帝)'라는 글자가 전용화되는 경향을 보였다. 그러나 고대 많은 문인들의 글에서 제란 글자는 계속하여 원시적인 의미로 사용되었다. 예를 들면 『장자』「각의편(刻意篇)」에서는 "만물을 낳고 기르는 것은 형상으로 표현할 수 없어서 이름을 제(帝)라고 부른다"고 하였다. 여기서 장자가 언급한 제는 형상이 없으면서도 만물을 낳고 기르는 원기를 직접적으로 가리킨 것이다.

처음으로 원기를 제라고 은유적으로 표현한 것은 『주역』「설괘전(說卦傳)」의 제5장에 나오는 '제출호진(帝出乎震)'이다. 이 뜻은 "만물은 동방에서 생긴다"는 것인데, 은유적인 표현이기 때문에 사람들이 알기가 상당히 어렵다. 「설괘전」의 제5장에 이어서 나오는 말들은 우주가 규율에 맞추어 주기적으로 운행함을 설명하고 있는 것인데, 단도수련에서는 이에 대해 세심한 연구를 했고 많은 경험을 축적했다. 이에 따르면 하루 중의 자시(子時)에는 자연계와 인체 할 것 없이 원기가 새로 돋아나는 시간이다. 원기가 새로 돋아나면 인체 자신의 규율에 따라 경락을 통해 운행하게 된다. 이 운행은 이전에 주입된 잠재의식의 영향에 따라 정공〔형체가 움직이지 않는 가운데 원기가 내순환(內循環)을 함〕과 동공(원기가 신체와 함께 내외의 공동순환을 만들어 낸다)을 형성한다. 이런 후천적인 사유에 의해서 통제받지 않는 선천적인 움직임에서 생겨나는 특수한 기능이나 현상들에 숨겨진 것들은, 연공을 하지 않는 사람들은 절대 이해할 수 없다. 장삼봉은 평소에 태극공이 어떻게 하면 양생의 원칙을 따르며 원기의 운행규칙에 벗어나지 않으면서도 실전에서 무술적인 가치를 지닐 수 있는지에 대해 장기간에 걸친 연구와 실천을 통하여, 선천원기〔실제로는 정(精)·기(氣)·신(神)이 하나로 된 것〕로부터 절륜(絶倫)한 권법을 이끌어냈으니 이는 필연적인 사건이라 하겠다. 외국의 과학기술이나 발명 혹은 문화예술

창작의 역사를 보아도 어떤 사람이 다년간에 걸친 연구를 통해서도 이루어내지 못한 목표들이 꿈속이나 혹은 순간적인 영감에 의해 이루어진 예는 비일비재한데, 이것들은 장삼봉이 꿈에서 권법을 전수받았다는 상황과 거의 다르지 않다. 심지어는 많은 수련가들이 어떤 단경은 꿈속에서 신선이 주었다고 주장하는데, 일부 억지로 만들어낸 가짜들을 제외하면 장삼봉의 경우와 같다고 할 수 있다.

그밖에 신에게서 권법을 전수받았다고 하는 '자발공(自發功)'이나 '신권(神拳)' 등은 모두 인체의 원기라고 하는 '현제(玄帝)'의 작용하에 인체 스스로의 장기적인 심리적, 생리적 요구가 특정한 환경적 영향 아래서 자발공이 유발되게 된 것이다. 이때에는 마치 '신인(神人)'이 권법을 가르쳐 주거나 신선이 몸에 붙어 있는 듯한 느낌을 가지게 되는데, 이런 현상은 인체의 원기가 경락을 촉진해서 생긴 현상이거나 혹은 환각 등으로 해석할 수도 있다. 이는 마치 우리가 앞에서 예로 든 도교의 제례의식을 행하는 중간에 특수한 법력이 나타나는 현상과 같은 원리이다. 비록 신권이나 도교의 의식이 약간 현묘하고 유심적인 색채를 띠어 혹자는 미신이라고 하기도 하겠지만, 그러나 어느 정도의 객관적 사실이 있고 인체과학 원리로 검증할 수 있는 것도 있기 때문에 완전히 무시할 수는 없는데, 이것 또한 장삼봉의 창권에 얽힌 이야기의 진실성을 어느 정도 뒷받침한다고 할 수 있다.

1930년대 이전에 당호(唐豪)의 일방적인 고증이 있기까지는 모든 무술계나 종교계 혹은 역사학자들조차 장삼봉이 태극권의 1대 조사라는 사실에 대해 믿어왔다. 황종의의 기록이나 명말(明末)에서 청초(淸初)에 이르는 수많은 사료들은 당 선생의 고증에 비해 훨씬 큰 설득력을 가지고 있다. 당 선생은 문화적 배경이나 권법의 이론에 대하여 공정한 고증을 한 것이 아니라 단지 진흠(陳鑫)의 『진씨태극도설』 중의 한 줄 시구(詩句)로 태극권의 창시인을 단정한 것인데, 이 진흠의 책은 북경 양가가 3대에 걸쳐 이름이 알려지고 나서 나온 것이다. 당호의 잘못된 고증과 『진씨태극도설』의 부족에 대해서는 다른 문장에 자세히 논해놓은 것이 있기 때문에, 필자는 단지 장삼봉이 태극권의 창시자라는 것에 대해 사문에서 전해져 오는 태극권의 원리에 관한 이론과 함께 아래의 몇 가지 증거를 제시하고자 한다.

무식(武式)태극권은 양식(楊式)태극권과 조보가(趙堡架)에서 유래했으며, 양로선(楊露禪)과 동시대의 인물인 무우양(武禹襄)이 창시하였다. 1867년 무우양의 생질인 이역여(李亦畬)가 쓴 『태극권소서』에 이르기를 "태극권은 송나라 때의 장삼봉에서부터 시작되었다. 그 정미하고 교묘함에 대해서는 왕종악(王宗岳)이 자세히 논술하였다……"고 하였다(『양식태극권정종(楊式太極拳正宗)』, 삼진출판사).

그 밖에 양징보(楊澄甫)의 저서인 『태극권체용전서자서(太極拳體用全書自序)』에서는 "선대부께서 명을 내려 말씀하시기를 태극권은 장삼봉이 창시하여 왕종악(王宗岳)·진주동(陳州同)·장송계(張松溪)·장발(蔣發) 등에게 전하였고 끊임없이 계승되었다"고 하였고, 『태극권사용법』에서는 "태극권이 장 진인에게서 시작되었다"고 하였으며, 양징보가 보관하고 있던 『왕종악태극권론(王宗岳太極拳論)』에는 "원주에 따르면 이것은 무당의 장삼봉 노사가 남긴 것으로 천하의 호걸들이 연년익수(延年益壽)하고 잡스러운 기예를 멀리하게 하고자 하였다"라고 되어 있다.

손록당(孫祿堂)은 1919년에 출판된 『태극권학자서(太極拳學自序)』에서 "이것은 내가권술의 발원지이다. 원나라 순제(順帝) 때 장삼봉은 무당산에서 수도하고 있었는데, 단사들이 권술을 연마하면서 그 중의 원기를 얻지 못하고 힘을 지나치게 사용하여 단을 손상하게 되며 스스로도 건강을 잃게되는 것을 보고, 태극도의 형을 이용하고 하도(河圖)와 낙서(洛書)의 이론을 취하며 역(易)의 수(數)를 가하여 자연의 이치를 따르는 태극권술을 만들어 양신(養神)의 묘함을 밝히니 연기화신을 하기 위함이다"라고 하였다.

오씨 태극권의 전인이 보존하고 있는 『태극법원(太極法源)』에도 "장삼봉에게서 나온 것이다"라고 되어 있고, '감천권사(鑒泉拳社)'라는 단체는 장삼봉 조사의 생일을 권사의 특별기념일로 삼고 있다.

이처럼 하나하나의 예를 들지 않더라도 1930년대 이전에는 전척생(全倜生) 선생이 『태극권도설』에서 말한 "태극권은 무당파에서 전해졌으며 장삼봉은 무당파를 연 사람이다"라는 말을 정설로 여기는 사람이 많았다.

3. 도교무당삼봉태극권의 전승상황

1) "조사는 밝히되 스승은 밝히지 않는다"라는 계훈(戒訓)이 구체적인 전승을 묻어버렸다

중국에서 자생한 종교단체인 도교는 스승을 존경하고 도를 숭상하는 좋은 전통을 흡수했을 뿐만 아니라, 계율의 전승에서도 "조사는 밝히되 스승은 밝히지 않는다"는 자세를 강조했다.

인류문명이 시작되고 나서 사람의 신앙은 자연숭배와 조상숭배에서 변화되어 종교적인 숭배로 발전했다. 전통적인 습속이 일단 종교화되면 그것은 각종의 문화형식으로 연속되어 내려오게 되는데, 도교에서는 이런 문화형식을 흡수하여 자기의 조사와 신선을 숭배하는 교규(教規)를 갖추게 되었다. 도교에서 신봉하는 조사들은 일세를 풍미한 걸출한 인물들로 내공수련가, 웅재대략(雄才大略)을 가진 성현, 정조(情操)가 고상한 은사(隱士), 육예(六藝)에 정통하고 세상을 구제하고자 하는 위인 및 우주와 자연의 신령 등이다. 도교에서 신화된 조사의 형상들은 교도들에 의해 조사나 신으로 받들어진 후에 제자들이 생기고 파벌을 형성했으며, 선배 수련인들은 후인의 공부가 깊지 못하여 엉뚱한 길로 빠지고 사문을 더럽힐까 저어하여 조사의 행적을 예로 들며 문도들을 교육했다. 따라서 교도들은 문파 내의 자세한 전승을 알지 못하고 통상적으로 자기가 신봉하는 문파의 조사를 자신의 조사로 여기게 되었는데, 이렇게 하여 장삼봉이 태극을 집대성한 후 계속해서 뒤로 이어지는 전승은 사람들에게서 점점 잊혀지게 되었다. 그밖에도 역사상의 많은 도인들은 숲이 깊지 못하고 산이 크지 못함을 원망할 정도로 숨어서 자신을 드러내지 않으려고 하였고 허명을 좇지 않으려 했기 때문에 태극권과 무당무술의 상세한 전승은 다른 역사와는 달리 잘 알 수 없다.

2) 위로 몇 대 동안의 전승과 친연관계(親緣關系)

당금의 도교는 교규에서 아직도 자신을 밝힐 때 위로 3대까지만 밝히는 전통이 남아 있다. 따라서 교도들은 통상 자기 위로 3대까지의 전승을 알고 있을 뿐 그 위로는 잘 알지 못하고 있고 단지 필요할 경우에는 자기의 조사와 문파를 언급한다. 이것은 태극권의 자세한 전승이 밝혀지지 못하는 원인에 대한 하나의 좌증(佐證)이다.

필자는 무당산 자소궁(紫霄宮)의 곽고일(郭高一) 대사에게서 제일 처음으로 도를 배우게 되었다. 곽고일 도장의 원적은 하남(河南)의 상구(商丘)이다. 속명은 곽옥걸(郭玉杰)인데 1924년에 가난한 노동자의 가정에서 출생했다. 청년시기는 국난으로 나라가 어지러웠는데 그는 군에 투신하여 동북지방에서 항일전쟁에 참여했다. 그는 고향에서의 상무정신에 영향을 받아 어릴 때부터 이랑권(二郎拳)이나 소림권(少林拳) 등을 익혔는데, 군에서 이를 충분히 활용했다. 그 당시 동북무림의 유명한 무당전인이었던 송

유일(宋唯一)과 이경림(李景林)의 절기를 앙모하다가, 우연히 양가태극권의 전인인 양규산(楊奎山)과 곽응산(郭應山) 등을 만나 내가권에 입문하게 되었다. 후에 부대가 해산되자 요녕의 북진 여산도관(閭山道觀)에서 출가하여 몸을 숨기고 수도생활을 하였다. 당시 여산도관의 도장인 양명진(陽明眞)은 무당삼봉자연파의 전인이었는데 삼봉태극권에 정통했다. 그는 곽 선생을 이리저리 시험해본 후에 권술을 가르쳐 주며 정신차리고 연마하여 깨달음을 얻으라고 당부했다. 곽 선생님은 삼봉태극권을 충분히 연마한 후 세상을 떠돌며 공부하며 수련의 경지를 높여갔다. 중간에 문화혁명을 만나 도교수련은 중단하면서도 태극권의 연마는 계속했으니, 당시 상구시의 대장간에서 망치질을 하던 분이 바로 곽옥걸이다.

종교정책이 제대로 실시된 1981년 5월에 곽 사부는 고도 당숭량(唐崇亮)이 하남 동백산(桐柏山)에서 수련을 하고 있다는 말을 듣고, 찾아가 도를 전수하여 주기를 간구했다. 다시 도문에 들어선 그는 전진 용문파의 27대 제자가 되어 사형제들과 함께 내가권법과 내단공법을 배우며 의약지식도 공부했다. 곽 사부는 태극단도에 대해 깊은 애정을 가지고 있었기 때문에 스승인 당숭량의 태극권 정수와 양생비방 등을 전수받았으며, 당숭량이 등선(登仙)한 후 무당산으로 가서 거주했다.

곽 사부가 무당산 자소궁에 거주할 때가 바로 중국에 무술과 기공의 열기가 가득할 때였다. 그와 그 당시 '무당내가제일인(武當內家第一人)'이라고 불리던 주성덕(朱誠德) 도장은 무당무술의 진면목을 보려고 오는 사람들을 위해 시범을 보였다. 그의 팔보여의참장공과 무당삼봉태극권은 무당무술의 존재와 가치를 충분히 발휘한 것인데, 여러 차례에 걸쳐 중앙 정부와 지방 정부의 지도자들 앞에서 시범을 보이기도 하여, 1986년에는 '무술발굴선진공작자'라는 칭호를 받기도 하였다.

그는 무당구궁장 · 태을화룡장 · 무당검 · 태극검 등 거의 사라져 가는 전통무술을 발굴하고 정리했고, 아울러 무당도교협회의 지지하에서 무당산 도교무관을 개설하고 처음으로 총코치가 되었으며, 동도들과 문하학생들이 무당무술을 계승·발전시키는 것에 대해 중요한 영향을 미쳤는데, 특히 종운룡(鍾雲龍; 현임 무당무술관 관장)이라는 무당무술의 걸출한 인재를 배출했다. 1980년대 말과 1990년대 초에 걸쳐 북광남곽(北匡南郭)이라고 불리던 중국 도교 무술계의 양대 거두의 이름은 전국에 걸쳐 알려져 있었는데, 산동 노산의 광상수(匡常修) 도장은 퇴법으로 유명했고 호북 무당산의 곽고일(郭高一)은 무당삼봉태극권으로 저명했으니, 이 두 사람은 당대 도교무술의 계승과 발전에 상당히 중요한 작용을 하였다. 필자는 비록 무술애호가로서 두 분을 만나기를 원했으나 인연이 없어서 장시간에 걸친 가르침을 받지 못했는데, 1991년 곽 사부가 신농가(神農架) 원시림으로 들어가 수도하기를 결정했을 때 필자는 두 번째로 무당에 들어갈 결심을 하였다. 1993년 곽 사부는 호북성 도교협회와 통산현 위원회의 요청에 의해 구궁산에 가서 단경궁의 중건을 지휘했고, 필자는 3년간 좌우를 쫓아다니며 삼봉태극권과 그에 따른 여러 공법들을 계통적으로 배우게 되었다. 필자는 태극도 문화에 매료되어 1980년대 하릴없이 세월만 보내면서도 무술에 대한 욕망은 바꾸지 못했는데, 이렇듯 세 번에 걸쳐서 무당산에 들어가고 두 번 구궁산에 올라가 비로소 무당권의 깊은 내용을 조금씩 알게 되었다.

사야(師爺)인 당숭량(唐崇亮)은 속명이 당지원인데 안휘성 사람이다(1869~1984). 어렸을 땐 빈곤한 가정에서 자라 16세에 군인이 되었다가, 도교의 영향으로 인해 29세 때 신혼 전날 밤에 모든 속세의 인연을 끊어버리고 무당산 금정에 가서 삼천문팔선암(三天門八仙庵) 용문파(龍門派) 제25대 전인인 왕신당(王信堂) 선사의 문하에 들어갔다. 선사로부터 숭량이라는 법명을 받고 스스로 하광도인(霞光道人)이라고 칭했으며, 도호는 중화자(中和子)이다. 이때부터 수염과 머리를 기르고 몸에는 도포를 걸친 수련생활을 시작했다. 이때 무당산 도교는 서본선(徐本善) 대협(大俠)이 모든 일을 주관하고 있었는데, 상무(尙武)의 정신이 도사들 사이에 유행하여 암중으로 서로 비무(比武)하는 경우가 많았다. 당사야(唐師爺)는 삼천문팔선암의 주지인 왕신당에게서 위에서부터 전해져 내려오던 여러 가지 권법을 전수받았는데, 특히 무당권 방면에서 더욱 정통적인 무당삼봉태극권을 전수받았고, 또 서본선 등의 무당무술을 직접 전수받았다. 이렇게 하여 세상에 115년 동안 머물렀던 늙은 수행자는 무술과 내단, 의학, 그리고 역학을 한몸에 두루 갖춘 도가 높은 도사가 되었으며, 나중에 사람들의 재질에 따라서 각자 다른 절기와 비방들을 전수했다. 필자는 다행히 이런 고도(高道)의 공법을 계승할 수 있었고 그 뒤에도 당금 무당도교의 장문인(掌門人) 통성도장(通聖道長) 왕자덕(王自德)의 비전심법(秘傳心法)을 전수받고 108식의 태극권과 그 오묘함을 전수받았으며, 다시 공덕대사(孔德大師)와 유환군대사(劉換軍大師)의 가르침을 얻어 더욱 정순하게 되었다. 이번에 기회를 만나 널리 세상에 공포하고자 하니 이로서 나중에 올 인연 있는 사람을 기다린다.

제2절 무당삼봉태극권의 특색

1. 대도(大道)와 함께 수련하는 자연법칙

1) 도에 관한 인식

도가의 비조(鼻祖)인 노자가 저술한 도덕경은 고금에 걸쳐 무수한 성현과 철학자들이 인용과 주석을 하였다. 이 책은 정치, 철학, 군사, 관리 혹은 양생, 의학, 수리, 역리 등의 과학영역을 막론하고 모두 그 속에서 원시적인 의거(依据)나 깊은 답안을 찾아낼 수 있다. 태극권도 역시 이를 좇아 태극권도의 이론체계를 세우고 수많은 도교 조사들의 총결과 인증을 거쳐, 송나라 때에 이르러 저명한 도사인 장삼봉이 주로 권도에 응용하여 내가파 태극권의 종풍을 열었으며, 다시 원・명 시기의 장삼봉이 도교의 이치나 단도상에서 더욱 발전시키게 되었다.

『도덕경』의 도는 그 이론체계가 하나의 세계관과 방법론의 최고급 인식구조로 되어 있어, 만사만물의 근본이 되고 세계와 우주 안에서 일어나는 만사만물의 재료가 되고 에너지가 되며, 동시에 인생과 사물에 대한 총체적인 자연규율이다. 장삼봉은 『등천지미설(登天指迷說)』에서 "사물은 모두 하나씩의 태극을 가지고 있으니, 즉 도(道)이다. 사람의 마음에는 모두 선천이 있으니, 이것 역시 도이다"라고 했고, 『태극권론』의 서두에서는 "태극은 무극에서 생기는데 동정의 기미가 되고 음양의 어머니가 된다"고 했는데, 이것은 도의 구체적인 표현이다. 만약 도교 수련의 각도에서 말한다면 도는 영원불멸한 것이기 때문에 천지와 한 몸을 이루고 있다. 따라서 노자의 청정(淸靜)과 귀근복명(歸根復命) 등의 원리에 의해 사람은 일정한 방식의 수련을 거치게 되며 도를 얻을 수 있고 도와 합쳐지게 된다. 따라서 수련가들은 이 도를 최고의 목표로 삼고 추구했다. 태극권은 인체 안과 밖의 계통적인 수련을 통해 선천의 본능을 구하고 근본으로 돌아가는 공부이다.

2) 태극권의 도

장삼봉 조사는 태극단도의 체계에서 권법기술과 내단이 도와 함께 진행되는 과정을 밝히셨다. 태극권과 내단술은 모두 대도의 수련과정 중에서 인체 내부의 원기(元氣) 운행규칙을 장악하여 도에 다다르는 첫걸음이다. 도란 글자 속에는 실제상 인체가 수련을 통해 장생에 이를 수 있는 길과 방법이라는 의미가 포함되어 있는데, 이런 방법들을 장악하는 동시에 인체 내에서 생명장수의 기본물질인 기(氣)·혈(血)의 운행과 규칙, 그리고 정(精)과 신(神) 등 원기가 포괄된 물질을 이해해야 한다. 태극권은 인체심신의 총지휘를 통해 움직임 가운데에서 고요함을 얻으려 하고 원기의 운행을 통제하게 된다. 태극권은 전체적인 운동에 있어서 허와 실의 구분을 중시하며, 거리와 부위에 대해 연구하고 손과 발이 정확한 위치에 이르는 방식, 방위, 극한 등을 통해 평형을 유지하고 인체 생리규칙과 동작을 부합시키는 것을 추구하게 되는데, 모두 일종의 도이다. 그리고 내단술 역시 고요히 앉아 있는 방식을 통해 화후(火候)로 원기의 주천(周天) 운행을 조절한다. 이로서 원기가 막힘 없이 두루 통하고 생명력이 왕성한 대도의 효과가 나타난다. 이 두 가지의 공통적인 관건은 모두 신(神)과 기(氣)가 합일된 경지이다. 태극권의 요구는 의념을 호흡과 동작에 배합시켜 뜻이 다다르면 신이 도착하고, 기가 뒤를 따르고 힘이 도착하게 된다(『태극권경』).

장삼봉의 태극단도 체계 중에서 도가 나타내는 뜻은 태극권과 내단수련을 통해 도달할 수 있는 일종의 이상이 현실로 나타나는 결과이다. 이것은 증도(證道)라고 불리는데, 이 단계의 결과는 사람이 도의 존재를 감지하고 원기 운행의 규칙과 조정법칙을 장악하는 일종의 수련상태와 초보적인 결과이다. 태극권은 내단술이 추구하는 목표와 조금 다르기 때문에 약간 다른 결과가 나타난다. 이것을 권법기술에 응용하게 되면 "단전의 혼원기(混元氣)를 이루니 천하에 누가 적수가 될 수 있겠는가?"라는 경지가 되는데, 내단술에서는 이때의 결과가 여러 가지 특이한 현상으로 나타난다. 우리는 태극과 내단의 수련을 통해 후천(後天)을 단련하고 선천(先天)으로 돌아가는 것을 추구하는데, 선천에 도달하는 과정에 가기 전에 이 도의 수련과정과 수련의 결과에 대해서 알 수 있다.

장삼봉의 태극단도 체계에서 세 번째로 숨겨진 뜻은 바로 "태극은 무극이다"이다. 무극은 대도인데 근본으로 되돌아가고 임무를 조월하는 최고의 경지를 이룬다. 즉 도는 일종의 수련경지를 말하며 장삼봉이 말한 "무위(無爲)의 뒤에 유위(有爲)가 계속되고 유위의 다음에 다시 무위로 돌아간다"는 법칙을 따르는 것이다. 태극과 내단은 모두 이런 연정화기(煉精化氣) · 연기화신(煉氣化神) · 연신화허(煉神化虛) · 연허합도(煉虛合道)의 계통적인 방법과 과정을 필요로 하게 되며, 이 과정을 거쳐야 비로소 도를 얻는다는 경지에 도달하게 된다.

2. 안을 중시하고 밖을 중시하지 않는 신(神)과 의(意)의 훈련

1) 안을 중시하면서 먼저 밖을 단련하는 초급훈련

무당의 내가파 태극권은 "안을 중시하면서 밖을 중시하지 않는다" 또는 "뜻〔意〕을 중시하고 형(形)을 중시하지 않는다" 등을 강조한다. 그러나 사실은 형과 뜻이 함께 가고 신(神)과 형(形)이 겸비된 후에야 비로소 '뜻을 중시하고 형을 중시하지 않는다'라고 말할 수 있다.

내공의 정좌에서도 형태를 조절하고 몸을 바르게 하며 전신을 이완시켜야 하는데, 권법기술과 내공이 서로 결합된 태극권에서는 더욱 더 형을 세밀하게 조정하고, 움직이는 동작들이 요구에 부합하며 태극권의 표준에 도달한 이후에야 비로소 신(神)과 의(意)에 대한 수련을 할 수 있게 된다. 만약 기본적인 자세조차 취할 수 없다면 내부의 경락(經絡)은 열리지 않고 기혈(氣血)은 통하지 않으며, 신과 의는 도달하기 더욱 어렵게 되고 외관상으로도 근골이 제대로 열리지 않아 신과 의에 대해서 말하는 것은 시기상조이다.

『태극권경』에서는 먼저 풀어헤쳐 놓고 나중에 다시 추스르라고 요구한다. 풀어헤친다는 것은 여러 움직임들이 태극권의 표준에 부합되어야 된다는 것이다. 이렇게 되어야만 태극권의 기초를 이루었다고 할 수 있다. 따라서 내의를 중시하려고 하면 반드시 먼저 외형을 단련해야 한다. 그리고 외형을 단련하는 초급의 단계에서는 반드시 손, 눈, 몸, 발, 어깨, 팔꿈치, 머리, 고관절 등 각 부분이 서로 잘 협조해야 비로소 "한번 움직이면 전신이 모두 움직인다"는 것처럼 몸이 하나가 되고 몸이 하나가 될 때에만 비로소 기회와 세력을 얻는 것이 쉬워지게 되며, 이렇게 될 때에만 몸이 혼란하지 않고 신이 기를 거두어 모으는 형태가 되어 뜻의 지휘 아래에서 비로소 태극권의 기세와 위력이 나타나게 된다. 무당삼봉태극권은 외형이 표준에 도달해야 하는 것을 강조하는데, 이렇게 되어야 비로소 내의(內意)가 서로 통하고 내공(內功)이 증가되어 비로소 힘을 적게 들이고도 결과가 많은 효과를 얻을 수 있다.

안을 중시하려면 먼저 밖을 수련하라는 요구와 그에 대한 구체적인 방법은 먼저 허리와 다리의 영활한 움직임과 견인성과 탄성 등에 대한 단련을 해야 한다. 동시에 마보장(馬步樁)이나 허실장(虛實樁)의 장공축기(樁功築基)를 해야 하며, 그 다음에 태극권의 투로(套路)에 대해 단련한다. 그 다음에는 내경(內勁)을 훈련하고 퇴수(推手)를 연마하며, 이런 기본과정을 숙련시킨 다음에야 순서에 따라서 조금씩 나아져서 몸의 움직임이 자연과 합쳐지는 고급단계의 훈련을 할 수 있다.

2) 안과 밖을 함께 중시하는 형과 신의 단련

무당삼봉태극권의 두 번째 훈련단계는 의식으로 형체의 운동을 이끌어 가며 아울러 의식(주의력)이 매 동작에 고정되는 것이다.

『권경(拳經)』에 보면 "마음으로 기를 움직인다"고 되어 있는데, 여기서 말하는 마음은 대뇌의 통제하에 있는 의식을 말한다. 기(氣)라는 것은 표면적인 호흡의 기를 가리키는 것이 아니고, 의식에 의해 조정되는 심리 활동의 노선이며 사유신경까지 포괄하는 종합물이다. 이 기의 운행은 실제 의식과 동작이 함께 운동하는 것이다. 행공하는 과정 중에 이런 심리활동과 동작이 함께 진행되며, 매 동작은 모두 심리활동과 서로 밀접하게 관계가 있다.

무당삼봉태극권의 신의(神意) 훈련은 세 종류가 있는데, 그 하나는 권법에서 공격과 방어에 전적으로 사용되는 심리활동이다. 예를 들면 오른손이 나가서 상대방을 잡으려고 할 때 몸도 같이 따라나가며, 왼손은 스스로를 방어하는 동작에서 변화에 따라 실제적인 공격을 하는 등, 어떤 하나의 동작에 그 다음 동작이 이어지는 변화가 나타나고, 이것들은 시종 같은 심리 의식의 지휘 아래 하나로 연결되어 있는데, 『권경』에서는 이것을 "권법을 수련할 때 사람이 없어도 마치 있는 것처럼 하라"고 하였다. 이것은 공격과 방어의 심리활동과 훈련이다.

두 번째의 종류는 자세와 내기(內氣), 내경(內勁) 등을 함께 사용하는 훈련이다. 여기서 내기와 내경은 일정 시간 동안 자세를 단련하여 이루어진 심리활동의 결합인데, 어느 정도 인내력을 가지고 훈련을 받은 후에 나타나는 일종의 내재적인 초능력이다. 자세와 내기, 내경 등은 서로 분리할 수 없다. 양생의 내기는 정좌(靜坐)나 참장(站樁)에서 얻을 수 있고, 권법의 내기와 내경은 행공하는 가운데 뜻을 중시하고 밖으로 힘을 내보내는 훈련을 할 때 얻어질 수 있다. 무당삼봉태극권의 내기와 내경은 주로 머금고 토하지 않는 것이 많고, 어떤 것들은 마치 내경을 발하지 않는 것처럼 보이기도 한다. 그러나 시시각각으로 모두 내경을 발할 수 있다. 이렇게 되기 위해서는 내심활동의 의식훈련이 더욱 더 필요하게 된다.

세 번째 종류는 신과 기가 결합되고 마음에 잡물이 하나도 없는 행공의 경지이다. 기가 있다고 상상하지 않는 상태에서 사려가 단지 체내의 한 부분을 지키고 있는데, 혹은 허리 혹은 명문(命門) 혹은 신장이 그것이다. 그런 다음에 그곳에서부터 움직임이 시작되어 행공을 하게 된다. 당연히 이 요구는 투로(套路)에 대한 수련이 상당히 진행되어, 사람이 있어도 마치 사람이 없는 듯한 지경에 들어가서 심신이 언제든지 고요하게 하나를 지킬 수 있어야 가능하다. 뿐만 아니라 아무 것도 생각하지 않는 일종의 의식상태에 들어갈 수도 있는데, 이것 역시 태극권을 단련하는 과정에서 이루어질 수 있는 높은 경지이다.

3) 안을 중시하고 밖을 중시하지 않는 고급단계

무당삼봉태극권은 전형적인 내가권이다. 내공은 내기와 내경이 합쳐져서 나타나는 기능을 일컫는다. 내기와 내경의 훈련은 자세와 떨어질 수 없는 관계를 가지고 있는데, "마음으로써 기를 이끈다" 혹은 "기로써 몸을 움직인다" 등이 이 관계에 대해 설명하는 말이다.

태극권 내공의 원리와 도가의 천인합일(天人合一), 도교의 대소주천(大小周天) 이론은 일치한다. 인체라는 하나의 작은 태극 안에 여러 혈도(穴道)와 관절이 서로 통하고 서로 합쳐지는 것이 태극권 내경이 밖으로 드러나는 관건이다. 따라서 무당삼봉태극권의 매 동작은 모두 의념으로 혈도를 생각하고 인체 내의 경맥과 기혈의 통로를 열어서 신체의 자동화 동작과 잠재적인 능력을 촉진시키게 되며, 오랫동안 훈련하면 안과 밖이 하나가 되어 안의 힘으로 밖을 촉진시키는 태극권의 최고 경지에 이르게 된다.

태극권 내공 체계는 인체의 경맥, 혈위, 근육, 관절 등의 구조에 의거하여 외형적인 타격에 대한 요구와 결합시켜 만들어지는 특수한 능력이다. 손바닥의 노궁(勞宮), 팔꿈치의 곡지(曲池),[2] 어깨의 견정(肩井),[3] 고관절 근처의 환도(環跳),[4] 무릎 근처의 양릉천(陽陵泉),[5] 발의 용천(湧泉) 그리고 인체 전면의 삼관〔조규(祖竅),[6] 전중(膻中),[7] 단전(丹田)〕과 후삼관〔미려(尾

---

2) 곡지(曲池) : 수양명대장경(手陽明大腸經)의 혈(穴). 팔을 구부렸을 때 생기는 주름 끝 부분과 굉골(肱骨)의 바깥쪽 꼭지점을 연결한 선의 중간에 있다.

3) 견정(肩井) : 족소양담경(足少陽膽經)의 혈. 어깨 위에 있는데 젖꼭지에서 위쪽으로 올라가면 어깨선과 만나는 곳이다.

4) 환도(環跳) : 족소양담경(足少陽膽經)의 혈. 옆으로 누워 허벅지를 구부리고 종아리를 90도로 만든 후, 고골대전자(股骨大轉子)에 엄지손가락의 뿌리를 대면 손가락이 끝나는 곳에 있다.

5) 양릉천(陽陵泉) : 족소양담경(足少陽膽經)의 혈. 종아리 바깥쪽, 비골두(腓骨頭)의 전하방(前下方) 오목한 곳에 있다.

閭), 협척(夾脊), 옥침(玉枕)] 및 인체 중앙선의 회음, 백회 등은 모두 태극권 내공에서 중요하게 생각하는 혈위이다. 뿐만 아니라 동작의 의식이 어디에 가서 있느냐에 따라서 기혈과 맥락을 통하게 하고 중심을 안정시키며, 거기에서 어떤 에너지가 발출되어 사람들이 침범하기 어려운 효과를 얻게 된다.

무당삼봉태극권 역시 육합(六合 ; 內·外 三合)을 강조하는데, 외삼합(外三合)은 어깨와 고관절의 합, 팔꿈치와 무릎의 합, 손과 발의 합이며, 내삼합(內三合)은 마음과 뜻의 합, 뜻과 기의 합, 기와 힘의 합을 말한다. 외삼합은 수족의 원, 팔꿈치와 무릎의 원, 어깨와 고관절의 원 등 세 개에 걸친 방어선을 형성하여 상대가 공격해 들어오기 어렵게 하고, 내삼합은 의념이 혈도를 향하는 가운데 힘이 만들어져 뜻으로서 인체 내의 경맥과 혈도를 통하게 하고, 의식이 신체의 어떤 부위에 집중되게 되면 금방 조건반사적으로 기 에너지의 활동이 출현하고 사람을 쳐도 형태가 드러나지 않는 현상(이것은 당연히 내공이 높은 사람에게 한한다)이 나타난다. 이렇게 되어야 비로소 신체근육의 활동과 내장기관 및 표피신경조직 사이에 극히 민감하고 단단하고 협조적인 관계가 건립되어, 뜻이 도달하면 기가 따르고 기가 도착하면 경(勁)이 도달하는 효과가 나타난다.

좀더 구체적으로 말하면 무당삼봉태극권의 외삼합은 사지의 뿌리, 중간, 말초, 삼대 관절의 혈도가 좌우로 서로 교차하고 합쳐진 것을 말한다. 예를 들면 어깨와 고관절의 합은 상지의 뿌리인 견정혈(肩井穴)과 하지의 뿌리인 환도혈(環跳穴)이 좌우 서로 교차하고 합쳐진 것이다. 팔꿈치와 무릎의 합이나, 손과 발의 합도 같은 이치이다. 이것은 상지의 혈도와 반대쪽

---

6) 조규(祖竅) : 여기서는 미간(眉間)의 인당혈(印堂穴)을 말한다.

7) 전중(膻中) : 임맥(任脈)의 혈(穴), 네 번 째 갈비뼈와 나란히 있다. 양쪽 유두를 연결한 선의 가운데이다. 단중이라고도 한다.

하지의 혈도가 합쳐진 것일 수도 있고, 하지의 혈도와 반대쪽 상지의 혈도가 결합된 것일 수도 있다. 그리고 외삼합은 외형적인 합이 아니라 마음속에서 일어나는 것이다. 어깨와 고관절의 합은 의식이 오른쪽 어깨 위의 견정혈과 왼쪽 고관절부위의 환도혈을 생각하면, 두 개의 혈도가 열리게 되고, 이로써 마음이 뜻을 이끌고 뜻으로 기를 이끌며 기로서 전신을 움직여 혈도가 통하게 되면 합력이 나타난다. 예를 들면 단전에서 시작하여 대맥을 돌아 견정혈로 올라가게 한 후 밖으로 발출되는 고(靠)나 붕(崩)의 경력은 안으로부터 발출되는 힘으로, 일반적인 힘이 비길 바가 아닐 정도로 위력이 엄청나게 크며 탄성을 띠고 있고 폭발력과 상해력(傷害力)을 갖춘 경의 한 종류인데, 흔히 말하는 내경 혹은 태극경이 그것이다.

태극권 중 팔법(八法)과 오보(五步)는 모두 규혈(竅穴)을 가지고 있는데, 규혈과 수결의 내재적인 관계를 명백히 알아야 투로를 연마할 때와 퇴수(推手)를 연습할 때 마음을 집중하여 느낄 수 있고 내외삼합은 합력을 만들어낼 수 있게 되는데, 이것은 내가권의 기본적인 비밀이다. 그리고 무당삼봉태극권은 내경의 운용에 있어서 이런 기본적인 방법을 포함하고 있을 뿐 아니라, 독특하게 삼단전이 합일되는 수련원리와 권(拳)과 도(道)가 합일되는 고급의 경지로 그 중에 수많은 작은 부분은 자세히 밝힐 수 없음을 용서하기 바란다.

3. 태극의 규율에 부합되는 운동

무당삼봉태극권은 태극의 심오한 이론을 바탕으로 하고 있다. 혼돈한 무극이 음양으로 갈라지면 바로 태극이 된다. 태극 음양은 허실(虛實), 강유(剛柔), 진퇴(進退), 개합(開合), 강약(强弱), 동정(動靜), 쾌만(快慢), 호흡

(呼吸), 토납(吐納) 등등의 기술이나 이론에 관한 내용들이 들어 있다. 그러나 큰 규율은 음양이 서로 근본이 되고 서로 변화하는 원리를 따르지 않는 것이 없다. 무당삼봉태극권은 태극권의 한 종류로 기타의 다른 태극권과 상당히 비슷한 공통점을 가지고 있지만 정체적(整體的)인 운동과 수련방식, 경력을 발하는 훈련 등에서 특징적인 점이 있는데 아래에서 잠깐 설명을 하고자 한다.

1) 정체(整体)가 일치되고 허리의 움직임을 근본으로 한다

우리는 우선 태극이라는 것은 하나의 통일체이고 인체의 태극 역시 이와 같음을 긍정하지 않으면 안 된다. 태극의 중간에 있는 두 개의 음양점은 인체의 신장과 닮았고, 그것은 태극이 원을 그리면서 움직일 때 같이 움직이게 되는데, 이것은 중간에서 중요한 동력을 일으키는 관건이 된다. 무당삼봉태극권은 투로(套路)의 움직임에서 이 특색을 잘 나타내고 있는데 동작 하나하나에 모두 "하나가 움직이면 전신이 움직인다"는 이론에 근거하고 있다. 모든 동작은 크거나 작거나를 막론하고 반드시 단전과 허리의 힘에 의해서 허리에서 가슴으로, 등으로, 어깨로, 팔로, 손으로 이어지고, 하지(下肢)는 무겁게 가라앉아 고관절을 거치면서 무릎을 지나 발가락으로 이어져 전신이 하나가 되어야 한다. 퇴수나 산타(散打; 자유대련)에서는 "상대를 끌어들여 허공을 치게 하고 그 힘과 합하여 밀어낸다"는 법칙을 따라 전신의 경력을 하나의 점에 모으고 상대의 힘과 부딪치는 점 역시 하나로 모아서, 자신은 단지 그 움직임을 따라가기만 하면 된다. 따라서 안이 움직이지 않으면 밖으로 발하지 않고 허리가 움직이지 않으면 손 또한 움직이지 않는다는 것을 강조한다.

2) 연양(煉養)하여 토납(吐納)하고 신과 기의 합일을 표준으로 한다

무당삼봉태극권은 사람이 수련을 통하여 도를 얻으려고 하는 과정에서 내단과 배합하여 진행하는 동공이기 때문에, 연양의 토납호흡 방식상 기타 권술과 다른 독특함이 있다. 내단의 호흡에 대한 요구는 깊고, 길고, 느리고, 고르게 하는 데에 있는데, 이로써 호흡이 없는 태식(胎息)에 이르게 되는데 태극권의 호흡에 대한 요구 역시 이와 같다. 즉 비록 태식 같은 깊은 경지를 추구하는 것은 아니지만, 힘과 기가 합일되고 신을 모아서 기를 끌어 모으는 것은 제일 먼저 이루어야 되는 중요한 것이다.

무당삼봉태극권에서는 신기(神氣)를 연양(煉養)하는 것이 수련의 단계와 목적에 따라서 달라진다. 스스로를 지키고 신체를 단련하고자 하는 무술로 말한다면 기를 단련하여 신을 기르는 것을 중시해야 하는데, 이렇게 해야 권(拳)을 공부하는 사람의 요구에 부합되게 된다. 내단을 수련하여 대도를 이루는 것에 대해 말한다면 기와 신을 길러서 신을 단련하여 도에 이르게 된다.

권법에 있어서 기(氣)와 신(神)을 단련한다는 것은 실제상 뇌와 심리의식의 통제 아래에서 의식적으로 내외호흡과 동작의 협조를 결합하여 권법 수련을 하는 효과에 도달하고자 하는 것이다.

"기는 반드시 가득 차고 부풀어오른다"는 말은 태극권 호흡의 특징인데, 내호흡은 복식호흡 혹은 단전호흡을 말하며 실제로는 단전이 부풀어오르는 것을 말한다.

외호흡은 코로 들어온 숨이 내외호흡의 협조와 의식에 의해 통제되며 동작과 함께 움직여서 기가 척추를 따라 척추 안으로 들어가는 내호흡을 행하며, 다시 사지에 도달하게 하고 기를 사지로 이끌어 척추에서 힘이 나오도록 한다. 이런 것들은 권법에 있어서 의식적인 연기에 해당된다.

3) 움츠리고 발하지 않음으로서 내단을 이루는 것을 목적으로 한다

무당삼봉태극권은 도를 체(體)로 하고 유약함으로서 용을 삼는다는 도가와 도교의 철학을 견지한다. 따라서 형태상으로는 마치 행운유수(行云流水)와 같이 외유내강하고, 안으로 숨기고 밖으로 드러나지 않으면서 움츠리고 발하지 않는 표현으로 나타난다. 본래의 태극권은 반드시 강(剛)과 유(柔)가 서로 결합되어야 하지만 태극의 독특한 특징인 "부드러움으로써 굳셈을 이긴다", "약함으로서 강함을 이긴다"를 겉으로 표현하기 위해 일반적으로 상대의 힘을 빌어서 사용하고 힘을 모아서 발출하며, 딱딱하게 굳은 것이나 똑바로 뻗어가는 힘을 금기로 삼는다.

따라서 무당삼봉태극권의 108식 투로는 눈에 띄게 발력하는 동작이 하나도 없으며 만약 필요한 경우에는 매식이 모두 발력하고 경을 드러낼 수 있다. 이뿐 아니라 몇 개의 동작은 훨씬 큰 폭발력을 발휘한다. 그런데 명경(明勁)과 암경(暗勁)의 구분은 의념의 힘과 관련이 있으므로 당연히 다르게 논해야 한다.

태극권은 단도의 동공으로 후기의 중·고급단계에서는 폭발적인 힘을 사용하여 단을 상하지 않도록 해야 한다. 만약 폭발력을 중시하게 되면 내단의 형성에 영향을 주게 되고, 내단 수련을 파괴하게 되는 경우까지 생겨, 축기(築基) 후에 아주 긴 시간 동안 온양 목욕을 해야 한다. 그러나 어떤 권법 수련가들은 눈앞의 이익만을 생각하여 태극권의 혼원경(混元勁)을 극도로 발휘하려고 하여 왕왕 내단을 이루지 못하고 단지 감각만으로 혼원경을 발출하려고 하는데, 이는 마치 싹이 빨리 자라나라고 뿌리를 뽑아 올리는 것과 같다. 이와 같이 삼봉태극권에서는 움츠리고 발하지 않아서 내단을 이루는 것을 높이 평가하고 있다.

제3절 무당삼봉태극권에 대한 간단한 소개

필자가 선배들을 따라 배운 태극권은 선사들이 도교수련을 위하여 남긴 일부분이다. 예를 들면 곽(郭) 노사가 무당(武當)에서 신농가(神農架)로 가고 다시 구궁산으로 가면서 계속하여 『포박자』·『장삼봉 전집』과 손으로 쓴 태극권술의 필기를 신변에 두고 있었는데, 손으로 베낀 내용은 『도장정화(道藏精華)』 내의 「장삼봉연단비결」 중에서 고증을 거친 부분적인 내용이다. 구궁산의 추운 밤에 곽 노사가 해주신 이야기들은 약간의 도교상식에 대해 해석해준 것을 제외하면 많은 부분이 포박자와 장삼봉의 수련에 관한 것이었다. 아침저녁으로 마당에서 태극권을 연습하고 남는 시간에는 정상적인 종교활동과 손님을 접대하며, 곽 노사는 항상 제자들의 연공에 관심을 기울였다. 필자는 자주 의문 나는 것들을 묻곤 했으며, 삼 년에 걸친 구궁산에서의 학습을 통해 무당삼봉태극권의 내용과 장삼봉의 태극도 수련 내공의 이론지식을 이해하게 되었다. 그 뒤에도 필자는 운유(云游)하는 중에 많은 명사들을 배방했고, 사형제들과 수많은 교류를 했으며, 최근 몇 년 사이에는 각파 태극권의 전인과 접촉하면서 태극권에 대한 많은 자료들을 함께 공부하고 같은 점과 다른 점을 찾아냈다. 지금은 곽 노사의 유지를 받들어 무당삼봉태극권을 정리하여 세상에 출판하게 된 것이다.

무당삼봉태극권에는 세 가지의 형식의 가식(架式)과 세 종류의 도리, 세 단계의 공부, 세 종류의 경력, 삼급의 단련법이 있다.

1. 세 가지 형식

무당삼봉태극권을 속칭 팔문〔八門; 붕(掤), 리(攦), 제(擠), 안(按), 채(採), 열(挒), 주(肘), 고(靠)〕 오보〔五寶; 진(進), 퇴(退), 고(顧), 반(盼), 정(定)〕 십삼세라고 한다. 여기에는 108가지의 정형화된 동작이 있으며 동시에 고가・중가・저가의 각자 다른 세 가지 형식의 권가(拳架)가 있다.

① 고가(高架) : 소가(小架)라고도 부른다. 주요한 특징은 두 발 사이의 거리가 아무리 멀어도 두 척을 벗어나지 않아 어깨보다 조금 넓다. 두 무릎은 계속 하여 조금 구부린 상태로 행권을 하는데, 아래위로 움직이지 않고, 두 손이 벌어졌다 모였다 하는 것도 발끝을 벗어나지 않는다. 앞뒤로 두 손이 움직이는 식에서도 두 손 사이의 거리는 팔목에서 팔꿈치 사이의 거리 정도이다. 고가는 주로 기를 단전에 가라앉히는 내공 훈련이며 늦으면 늦을수록 좋은 고급의 연의(練意) 단계이다. 동시에 노약자나 환자가 질병을 치료하고 건강을 회복하기 위해 사용한다.

② 중가(中架) : 보편적으로 사용하는 가식이다. 형태가 아름답고 실용적이며 빠르게 할 수도 느리게 할 수도 있고, 경력을 머금고 노출시키지 않을 수도 있고 폭발적인 힘을 발할 수도 있다. 아래위로 움직임이 있으며 마치 행운유수와 같이 자연과 합쳐지는 듯한 모양이다. 정체성이 강하여 몸과 손・발 등이 하나로 협조되고 뜻과 기가 합쳐지는 것이 중요한 특징이며, 체(體)와 용(用)을 겸비한 반드시 배워야 되는 가식이다(고가와 저가

는 모두 여기서 변화했다). 다리의 움직임을 중시하고 무릎을 구부려도 발끝을 지나가지 않도록 한다. 본서에서는 이 가식을 기본으로 소개한다.

③ 저가(低架) : 이것은 타격하는 기술을 단련하기 위한 일종의 고강도 훈련 가식이다. 속도는 중가나 고가에 비해 상대적으로 빠르고 의와 기·힘 등에 대한 기본적인 요구는 기타 두 종류의 가식과 같다. 단지 다리를 구부리고 몸을 낮추며 발력하는 데에 있어서 눈에 띄게 다른 점이 있다. 그러나 이 가식은 아직 숨겨진 것이 많아서 밖으로 드러내지 않았기 때문에 자주 볼 수 있는 것이 아니다〔지금은 동문사형제(同門師兄弟)들이 약간 변형시키고 태극쾌권(太極快拳)이라고 하여 지도하고 있다〕.

2. 세 종류의 도리(道理)

무당삼봉태극권은 도가와 도교철학 사상을 기본으로 하는 전형적인 내가권으로 권덕인리(拳德人理), 권예도리(拳藝道理), 연양원리(練拳原理)가 모두 도가나 도교와 밀접하고 직접적인 관계를 가지고 있다.

① 권덕인리(拳德人理) : 무덕인의(武德仁義)이다. 권법을 수련하는 사람이 가져야 할 사람으로서의 도리를 말한다. 마치 태극과 같이 매사를 처리함에 있어서 원만하고 몸을 바르게 하며, 뜻을 얻었다 해도 교만하지 않고 실패해도 낙담하지 않으며, 고요하고 평정한 마음으로 세상 모든 일을 대하는 것을 말한다. 권법을 의지하여 사람을 괴롭히지 않고 위험에 처한 사람을 구하며 '위급한 상황이 아니면 사용하지 않는다'라는 원칙을 중시한다.

② 권예도리(拳藝道理) : 태극권은 많은 선현들이 익히고도 한 번도 사용하지 않은 대법(大法)이다. 몸을 닦고 성을 기르며 신체를 건강하게 하

고 스스로를 지키는 것이 이 권법의 종지인데, 권은 마음에서 발하고 마음은 바로 도이다. 그리고 권(拳) 역시 도(道)이다.

③ 연권원리(練拳原理) : 태극권법은 천지의 대도와 삼재의 이치가 드러나는 것으로, 연정화기·연기화신·연신환허를 중시한다. 이 원리는 이미 역대의 무술가와 수련인사들에 의해서 증명되었으며, 그 이론은 이미 진희이의 '무극도'에서 자세히 설명한 바 있다.

3. 세 단계의 공부

근대의 권위 있는 인사들은 태극권의 경지를 몇 가지 층으로 나누었다. 혁위진, 손록당 등 선배들은 태극권을 몇 가지 비유로 설명했으니, 물 속에서 땅을 딛는 듯이 하는 행권(行拳), 물 속에서 떠 있는 것 같은 행권 및 물위에서 걸어가는 듯한 행권의 세 가지가 있다. 당대의 진소왕(陳小旺) 선생은 "일음구양(一陰九陽)은 시작이고, 이음팔양(二陰八陽)은 산수(散手)이며, 삼음칠양(三陰七陽)은 너무 딱딱하고, 사음육양(四陰六陽)은 뛰어난 실력이며, 음양에 치우치지 않는 것은 묘수(妙手)이다"라고 하여 5단계로 구분했다. 무당삼봉태극권의 수련단계를 전통적인 분류에 따라 설명하면 역골(易骨), 역근(易筋), 세수(洗髓)의 3단계로 나눌 수 있다.

① 역골(易骨) : 여기서 쓰고 있는 것은 전통문화 중 역(易)이라는 개념과 함께 선도와 불문의 철학적인 술어로써 그 공부의 단계를 형용한 것으로, 고대와 현대의 인체과학이 서로 일치함을 설명한다. 역이라는 것은 음양의 변화를 말하는데, 역골은 인체의 뼈를 조절하여 단단하고 튼튼하게 하는 기본 수련으로, 투로(套路)의 단련을 통해 후천적인 여러 원인에 의해 손상을 받은 뼈를 질기고 튼튼하게 만드는 것이다. 역골은 비록 초급

단계를 이르지만 단지 뼈와 서로 연결된 근육만을 단련하는 것이 아니고, 투로의 단련을 통해 뼈가 단단해지는 것 이외에도 관절이 제대로 활동하도록 하는 것이다. 태극권의 투로를 연습하는 과정 중에서 관절을 이완시켜 기혈이 잘 통하게 하고, 뜻으로써 그것을 사용하다 보면 오래되어 뼈가 단단해지고 관절이 자유롭게 놀게 된다. 뼈에 이상이 있는 병자들은 태극권을 연마함으로써 병이 나을 수도 있는데, 이는 이미 현대의학이 증명하고 있는 바이다. 하지만 이것은 역골의 초보적인 효과일 뿐이다. 건강하고 태극권을 오랫동안 연마하여 몸에 밴 사람은 행권을 할 때 관절 마디에서 소리가 날 수도 있고, 뼈의 단단한 정도가 보통 사람의 몇 배가 되기도 하는데, 이런 경우에는 역골의 단계를 이룬 것이 된다(그러나 의식적으로 이런 효과를 단련해서는 안 되며, 나무로 두드리거나 모래주머니 등을 사용하여 뼈를 튼튼하게 하는 효과를 얻으려 할 필요도 없다).

② 역근(易筋) : 역골의 기초 위에서 장기간의 내련을 통해 근육 표층의 고급 지각과 민감한 반응능력을 얻게 된 것을 말한다. 이것은 근육을 키우는 운동과는 다르고, 효과와 수준에서도 차이가 있다. 이 경지는 전신에 긴장이 풀리고 기가 아래로 가라앉으며 신(神)과 의(意)가 관절과 근골의 사이에 다다르고, 심지어는 체호흡(體呼吸)을 통해 관절과 근골의 힘을 길러서 전신에 기가 가득하고 온몸이 모두 손이 되는 경지를 이루어 몸의 어느 부분에서도 경력을 발휘할 수 있게 된다.

③ 세수(洗髓) : 이것은 성공의 고급단계이다. 역골과 역근을 연마한 후 전문적으로 정공(靜功)을 수련하는 것을 말하는데, 선도 수련의 '연신환허(煉神還虛)'에 해당된다. 태극권을 수련하여 신과 기가 뜻을 따라 움직이고 동작과 기법이 마음을 좇아 자연스럽게 일어나게 되면 이 경지에 이른 것이다.

4. 세 종류의 경력(勁力)

태극권에서는 내경(內勁)을 중시한다. 내경은 신과 기가 합일된 신체 전체의 힘으로 명경(明勁), 암경(暗勁), 화경(化勁)의 세 종류가 있다.

① 명경(明勁) : 몸이 이완되고 아래로 가라앉으면서도 신과 기가 하나로 되어 나타나는 강직되어 뻣뻣하지 않은 경력으로, 토납(吐納) 연습 중의 역골과 연정화기의 단계에 해당된다.

② 암경(暗勁) : 태극권 중 유경(柔勁)에 해당된다. 일반적으로 먼저 명경을 수련하고 나서 암경을 수련하는데, 즉 경력에 대한 이해가 있고 나서야 수련을 할 수 있다. 무당삼봉태극권에는 두 손을 암중(暗中)에 의념을 사용하여 끌어들여서 안쪽에 신축력이 생기도록 하는 것이 많다. 두 손이 앞뒤로 힘을 쓸 경우, 예를 들면 왼손이 앞으로 나가며 경력을 발출하고 오른손은 뒤로 잡아당기는데 마치 활을 쏘는 자세로 천천히 끌어당긴다. 투로(套路) 중의 '낙보안(落步按)'은 명경이고, '여봉사폐(如封似閉)'는 전형적인 암경이다. 명경은 단단함이 밖으로 드러나지만 암경은 안으로 숨겨져 있어 외유내강하다. 암경을 수련하는 것은 의식을 단련하는 일종의 방법으로 자연스럽게 호흡하며 억지로 힘을 쓰지 않아야 하는데, 이것이 『권경』에서 말하는 "경력을 운용할 때에는 마치 실을 뽑듯이 한다"라는 것이다. 암경을 성공적으로 사용하면 퇴수 중에서 "상대는 나를 모르지만 나는 상대를 안다"는 경지에 도달하여 전혀 뜻밖의 상황에서 적을 물리칠 수 있다.

③ 화경(化勁) : 화경은 연신환허의 단계인데 암경이 신통한 경지에 이른 것을 말하며 강(剛)과 유(柔)가 함께하고 허무하여 신이 밝아지는 고급 단계이다. 암경을 지극히 부드럽고 지극히 강하게 훈련했을 경우 사물이 극에 이르면 변화하는 것처럼 음양이 화합되어 마음에 따라 능히 강하게

도 혹은 능히 부드럽게도 할 수 있다. 화경은 두 가지로 나누는데, 형체의 화경과 신명(神明)이 허령(虛靈)한 화경이 그것이다. 형태의 화경은 무겁게 가라앉아 변화하는 것이 위주가 된다. 즉 허리의 긴장을 풀고 자세를 낮추어 밖에서 들어오는 힘을 끌어당겨 몸밖으로 배출시켜서 자신의 평형을 유지하면서도 상대의 평형을 잃게 하는 것이다. 신명의 화경은 눈에서부터 동작까지 일단 적에게 달라붙으면 바로 상대방을 통제하여 상대는 그만두려고 해도 그만둘 수 없고 공격을 하려고 해도 꼼짝할 수 없으며, 자신은 마음대로 적을 요리할 수 있는 경지이다.

5. 삼급의 수련법

무당삼봉태극권은 스승이 말과 몸으로 직접 전하며 반드시 순서에 입각하여 수련하고 오랫동안 열심히 수련할 뿐, 억지로 성공을 바라서는 안 되는 수련법이다. 도문의 사부들은 태극권의 연습과정을 일반적으로 세 단계로 나누어 놓았다.

1) 의식적으로 부드럽게 이완하고 연기도납(練氣吐納)하는 초급 단계

도문(道門)의 선사들은 장기적인 수련의 과정 중에서 인체가 입정(入靜)하고 이완되어야 전신의 여러 관절들이 언제든지 부드럽게 열려지는 자연적인 상태가 되고, 이렇게 되어야 전신의 근육과 인대, 골격 및 각 장부기관이 의념에 순종하며 서로 부드럽게 협조하는 이상적인 상태가 됨을 체험했다. 이와 같이 오로지 이완할 수 있을 때만 부드럽게 조화를 이룰 수 있고, 부드럽게 조화를 이룰 수 있을 때 뜻과 기가 전신으로 통하게 되어 동작을 운용하는 데에 있어서 효과가 나타나게 된다. 여기에다 반드시 호흡토납을 배합해야 비로소 수련의 단계가 진보하고 신과 기가 합일하고 기와 뜻이 합일하는 초급의 경계에 도달하게 된다.

2) 무심으로 부드러움을 쌓아 굳셈에 이르고, 기를 길러서 몸을 보하는 중급 단계

장기간에 걸쳐 부드러움을 훈련하면 점점 무거움과 탄성이 생기게 되고, 이로 인하여 질기고 굳센 내력이 나온다. 이런 질기고 굳센 내력의 근원은 단전으로, 복부(腹部)를 주재(主宰)하게 되고 신체의 각부에서 겉으로 드러나게 된다. 이 단계에서는 기를 기르고 신을 지켜서 후천적인 에너지를 보충해야 한다. 수련에서 강한 에너지가 나타나는 근원은 몸 속에서 축적된 고도의 에너지이고, 이 에너지의 내원(來源)은 정(精)・기(氣)・신(神)을 기르는 것이다. 부드럽게 이완하고 기를 단련하여 공력이 계속하여 깊어지면 반드시 기르고 보충해야 한다. 수련방식에 있어서는 투로의 단련과 기를 기르는 것을 함께 진행하며, 즉 역근과 역골의 단계를 동시에 수련해야 한다. 행공과 정좌(靜坐)를 통해 신과 기를 합일시키고 신(神)과 의(意)가 동작과 기혈의 운행을 지휘하는 것 이외에도, 행주좌와(行走坐臥)의 모든 시간 동안 중기(中氣)를 배양하여 원기(元氣)를 충족시켜서 성(性)과 기(氣)가 움직이지 않도록 해야 하는데, 성과 기가 움직이지 않으면 신(神)이 깨끗해져서 맥(脈)과 하나를 이루게 된다. 이렇듯 신이 깨끗해진 이후에야 진퇴의 운동에 있어서 정도를 벗어나지 않게 된다.

3) 굳셈과 부드러움이 뜻을 따르고 신과 기가 합쳐진 고급 단계

부드럽게 이완한다는 것은 수단일 뿐 태극권을 단련하는 목적이 아니다. 굳셈과 부드러움을 자유자재로 조절할 수 있게 되는 것이 본래의 목적이며, 이것이 비로소 태극권의 본래의 면목이다. "보기에는 마치 지극히 부드러우나 사실은 엄청나게 굳세며, 보기에는 지극히 굳세 보이나 사실은 엄청나게 부드럽다. 굳셈과 부드러움이 함께하니 도대체가 종잡을 수 없다." 이 단계에 도달하면 굳셈과 부드러움이 서로 나타나게 되어 음양이 서로 합쳐지고 변화가 무궁하며 뜻을 따라 권이 움직인다. 이때에는 스스로 법도를 갖추게 되어 규칙이 없는 가운데에서도 규칙과 합쳐지며 내기와 정력이 가득하게 되어 모든 것을 마음대로 통제할 수 있게 된다.

제3장

무당삼봉태극권의 내용

제1절 · 행공에 필요한 보조공법

제2절 · 기본공의 단련방법

제3절 · 형체(形體)에 대한 요구

제4절 · 권보의 명칭과 동작의 설명

제5절 · 태극퇴수(太極堆手)

제1절 행공에 필요한 보조공법

무당삼봉태극권의 보조공법들은 장삼봉 조사의 법을 이은 도가의 비전 공법이다. 이것은 '무당삼봉태극권' · '장삼봉태극연단비결'과 합쳐져 태극 수련 체계를 형성하고 있다. 이 공법들은 태극권을 단련하기 전이나 혹은 후에 하는데, 태극권과 비교하면 상대적으로 정공(靜功)에 속한다고 볼 수 있다. 보조공법에는 '태극행공행기가(太極行功行氣歌)', '태극행공 조(早) · 오(午) · 만(晩) 공법', 앉아서 수련할 때 필요한 심공(心功), 신공(身功), 면공(面功), 이공(耳功), 목공(目功), 설공(舌功), 치공(齒功), 비공(鼻功) 및 주공(走功), 와공(臥功) 등이 있다. 이런 각종의 행공법들은 각자 치중하는 바가 다르지만, 전체적인 엄밀성을 벗어나지 않고 있으며 동정(動靜)을 함께 수련하고 강함과 부드러움이 공존한다. 이 공법들은 태극권처럼 그렇게 사지를 활발하게 움직이는 전체적인 운동은 아니지만, 앉아 있을 때나 서 있을 때 혹은 걸어가거나 누워 있을 때에 마음으로 신체를 이끌어 언제든지 연공(煉功) 상태로 진입하는 것을 도와주는 수련법이다. 이 공법들은 또한 내단의 주천과도 떨어질 수 없는 밀접한 관계를 가지고 있는데 내단술 가운데서 명공(命功)의 기초에 해당된다. 스스로의 상태〔행(行), 주(走),

좌(坐), 와(臥)]에 따라 필요한 공법을 선택하여 수련하게 되면 전신 경맥의 기혈을 타통(打通)시키고 진원(眞元)을 보강하며, 단도에 진입할 수 있는 아주 훌륭한 공법들로 태극의 도에 가깝게 다가가는 묘법이라 하겠다.

1. 태극행공설(太極行功說)

태극행공은 음양을 조화시키고 신과 기를 합일시키는 정좌의 기본수련이다.

행공에 앞서 내장을 치료해야 하는데, 내장을 깨끗이 비게 하여 찌꺼기가 남아 있지 않으면 신과 기가 모이게 되고 호흡이 저절로 조절되게 된다.

숨을 들이쉬고 내쉬며 음양이 서로 교감하게 되면 혼연히 태극의 상이 나타나니 그 후에 다시 각 부분에 대한 연공(煉功)을 시작한다.

마음을 가라앉히고 우두커니 앉아 사려를 헤아리고 정욕을 끊어버려서 진원을 지키니 이것이 심공(心功)이다.

무릎을 포개어 앉고 발뒤꿈치로 회음을 꽉 눌러 정기가 새어나가지 않도록 막으니 이것이 신공(身功)이다.

두 손으로 귀를 꼭 막고 손가락을 포개어 귀 뒤의 뼈를 두드려 풍지혈(風池穴)에 있는 사기(邪氣)를 배출시키니 이것이 수공(首功)이다.

두 손으로 얼굴을 비벼 뜨겁게 하고 다시 침으로 얼굴을 마찰하니 이것이 면공(面功)이다.

두 손으로 귀를 누르고 아래위로 비벼서 화기(火氣)를 씻어내니 이것이 이공(耳功)이다.

두 눈을 꼭 감고 눈동자를 좌우로 돌리니 이것이 목공(目功)이다.

입을 크게 벌리고 혀로 입안을 휘저으며 손으로는 천고(天鼓)를 두드리니 이것을 구공(口功)이라 한다.

혀를 입천장에 붙이면 진액이 저절로 생기고, 이를 삼키면 내장이 촉촉하게 되니 이것을 설공(舌功)이라 한다.

이빨을 36번 부딪치고 이를 꽉 다물어 원신(元神)을 모으니 이것을 치공(齒功)이라 한다.

두 손의 엄지손가락을 비벼 뜨겁게 하고 좌우로 36회 콧구멍을 눌러 막으니 이것이 비공(鼻功)이다.

비록 이 공법들의 오묘함을 얻었다 하더라도 반드시 마음을 바르게 하고 성의를 다하여 욕망을 끊어버리고 처음부터 시작한다면, 조금씩 나아지다가 대도를 깨닫게 되니 장생불로의 기본이 여기서 시작된다. 만일 태극권법을 얻었다 하더라도 행공의 오묘함을 모르면 마치 연단할 때 채약(采藥)을 하지 않는 것과 다를 바가 없다. 그러니 반드시 공(功)과 권(拳)을 함께 단련해야 하는데, 이 공법은 부드럽고 고요하며 권은 강하고 움직이기 때문에 동정이 결합되어야 비로소 태극의 형상이 이루어지고, 서로가 서로를 보충할 때 비로소 사용할 수 있는 경지가 된다. 태극권을 단련하는 자는 반드시 먼저 이 행공의 묘용을 알아야 하며, 행공을 하는 자는 반드시 먼저 태극의 오묘함을 깨달아야 한다.

2. 태극행공가(太極行功歌)

두 기운이 갈라지기 전에는 혼연히 무극으로 있다가 음양의 위치가 정해지면 비로소 태극이 나타난다. 사람의 몸은 허령(虛灵)한 것이 가장 필요하고 행공은 호흡이 중요하다. 흐어(呵), 쉬(嘘), 후(呼), 쓰(呬), 췌이(吹)에다 시(嘻)를 합치면 여섯이 되는데, '육(六)'자의 의미는 무엇인가? 장을 치료하는 데에 쓰는 둘도 없는 비결이다. 간을 치료할 때에는 쉬(噓)를 쓰는데, 이때에는 눈을 크게 떠야 한다. 폐를 치료할 때에는 쓰(呬)를 쓰는데 이때에는 두 손을 위로 들어 빌어 올린다. 심을 치료할 때에는 흐어(呵)를 쓰는데 두 손을 머리 위에서 깍지 낀다. 신은 췌이(吹)를 쓰는데 무릎을 끌어안는다. 비병(脾病)은 후(呼)를 쓰는데 이때에는 입을 오므린다. 바로 누워서는 때때로 시(嘻)를 쓰는데 삼초(三焦)의 울열이 물러가게 된다. 이 공법을 계속해 나가면 음양이 조화되고 태식이 나타난다(주의 : 입 모양을 만들 때 입에서 소리가 나서는 안 된다).

3. 태극행공(太極行功) 조공(早功)

해가 뜨려고 할 때에 해를 향해 숨을 세 번 들이쉬고 입을 닫는다. 단전의 기운을 위로 들어올려 입안에 머금고 있던 기운과 침과 합쳐서 삼킨다. 다음에는 몸을 낮추어 쭈그리고 앉아서 손은 양쪽 허리를 잡는다. 왼발을 천천히 앞으로 세 번 뻗었다가 거두어들인다. 다음에는 오른발을 천천히 앞으로 세 번 뻗었다가 거두어들인다. 얼굴을 하늘을 향해 한 번 들고 한 번 땅을 바라본 다음 허리를 펴며 천천히 일어선다. 일어날 때 오른손을 손바닥을 위로 하여 천천히 위로 세 번 뻗었다가 힘을 완전히 빼면서 아래로 늘어뜨린다. 다음에는 왼손을 손바닥을 위로 하여 천천히 위로 세 번 뻗었다가 힘을 완전히 빼면서 아래로 늘어뜨린다. 한 걸음씩 천천히 걸어 주위를 한 바퀴 돈 다음, 걸으면서 그려진 원 안에서 한 번 펄쩍 뛴다. 잠깐 동안 고요하게 앉았다가 약을 복용한다.

4. 태극행공(太極行功) 오공(午功)

정오에 다리를 포개고 앉아 두 손은 무릎 위에 가볍게 얹고 허리를 바로 펴서 눈을 감고 운기(運氣)를 한다. 기를 한 모금 하단전으로 보내고 속으로 외우기를 “원래 무극(無極)의 화신이며 팔괘(八卦)의 진정한 뜻을 감추고 있다. 청량한 기운이 통해 정기신(精氣神)이 되고 일월(日月)은 운행(運行)을 그치지 않는다. 음양의 갑을경신(甲乙庚申)은 상생상극의 묘용(妙用)이 있어 대지에는 다시 봄이 돌아온다. 육적(六賊)과 삼시(三尸)를 쓸어 없애고 물러나 청정함을 유지한다. 도(道)는 은하(銀河)를 열고 옥(玉)이 새로 생기듯 변화한다. 원명(圓明)은 상이 있고 정철(淨徹)은 끝이 없다. 먼저 정수리에서 영광(靈光)을 기르니 삼혜(三慧)가 삼청(三淸)을 비춘다. 나쁜 사기(邪氣)의 침범을 받지 아니하고 더럽고 탁한 것이 나를 범(犯)하지 못하니 수화(水火)가 기제(旣濟)하고, 지(地)・천(天)・인(人)이 묘하게 합쳐진다. 도를 공부하는 것은 다섯 방위를 지키는 것이니, 나의 원신(元神)을 주재(主宰)하고 사시(四時)와 팔절(八節)을 다스리는 신이시여! 나의 백(魄)을 기르고 나의 혼(魂)을 보호하며 나의 기혈(氣血)을 통하게 하여 생육(生育)하고 유행(流行)하게 하며, 천강지살(天罡地煞)이 원정(元精)을 포출(布出)하도록 하소서. 이십사기(二十四氣)와 십이시진(十二時辰)이 묘하게 영감(靈感)에 응하여 관세음(觀世音)과 태상노군(太上老君), 도조여(道祖呂) 진인, 일일옥청진왕장생대제(一一玉淸眞王長生大帝)가 태극호법신왕(太極護法神王)으로 변하며 일월이 비추듯이 내려오소서”라 한다(일곱 번 읽는다).

눈을 뜨고 진액을 운동시켜 천천히 삼킨다. 왼손으로는 허리를 누르고 오른발을 곧게 뻗으며 오른손이 허리를 누르고 왼발을 곧게 뻗는다. 뻗은 두 발을 합하여 다시 앞으로 뻗으며 머리와 몸은 뒤로 젖히고 금방 일어난다. 두 손을 뜨겁게 비벼 얼굴을 한 번 문지르고, 두 귀를 문지른 다음 좌우의 손이 귀를 눌러 중지를 아래위로 교차시켜 각자 세 번 두드리고 몸을 거쳐서 가슴까지 쓸어내린다. 왼손은 심장을 비비고 오른손은 등뒤를 한 번 두드리고 다시 두 손을 옆으로 벌린 채 머리와 몸을 아래로 구부린다. 오른손을 앞으로 들어 머리를 한 번 두드리고 허리와 몸을 들어올리며, 왼손은 배를 한 번 문질러준다. 앞발과 뒷발을 바꾸어 앞으로 세 발자국 뛰어가고, 다시 뒤로 세 발자국 물러나며 입 속에 고인 진액을 세 번에 걸쳐 나누어 삼킨다. 서쪽을 향하여 숨을 한 번 내뱉고 동쪽을 향하여 숨을 한 번 들이쉰다.

숨을 멈춘 채 그 기운을 아래로 내려보내니, 이것이 바로 음을 이끌어 양을 보(補)하는 것이다.

5. 태극행공(太極行功) 만공(晩功)

얼굴을 북쪽으로 하고 선다. 두 손으로 배를 받들고 두 발은 나란히 벌린다. 먼저 기를 끌어올려 진액을 운행시키고 입안에 가득할 때까지 기다렸다가 단숨에 삼킨다. 두 손은 좌우로 뻗어 '일(一)'자를 만들고 손바닥은 밖을 향하게 세운다. 약간 주저앉아 활이 구부려진 모양을 만든다. 왼손은 앞으로 심장의 위치에 두고 오른손은 머리 위로 들어올려 손바닥을 위로 하여 네 손가락을 모으고 하늘을 향하여 세우며, 오른쪽 손바닥을 아래로 하여 엄지·중지·소지의 세 손가락을 아래로 구부린다. 두 손을 마주보게 하여 마치 용의 머리와 호랑이의 목이 서로 얽혀 있는 모양으로 한다. 이때 머리는 옆으로 돌려서 얼굴이 동쪽을 향하고 앞을 향하여 일어났다 앉았다 하여 일곱 걸음을 간다. 일어서서 몸을 바르게 하고 두 손을 가볍게 옆으로 놓으며, 오른손으로 왼쪽 어깨를 감싸 안고 왼손으로 오른쪽 어깨를 감싸안으며 주저앉는다. 머리는 구부려 가슴 앞에 두고 두 눈은 팔의 중간을 보며 한 번 호흡을 한다. 두 눈을 움직여 진액이 생기기 시작하면 혀끝을 입천장에 갖다 붙이고 이빨을 아래위로 네다섯 번 부딪친 다음 진액을 천천히 삼킨다. 두 손을 들어올리며 앞으로 한 발을 내딛고 오른손을 위로 틀었다가 내려놓는다. 왼손도 위로 한 번 틀었다가 내려놓는다. 이렇게 번갈아 세 번을 한다. 왼발을 오른발 위에 올려놓고 앉았다가 일어선다. 오른발을 왼발 위에 올려놓고 앉았다가 일어선다. 허리를 한 번 비튼다. 숨을 한 번 내쉰다. 두 손을 무릎 위에 놓고 각자 두세 번 비비고 왼쪽에서 오른쪽을 향해 걷고 오른쪽에서 왼쪽으로 걷기를 모두 80보를 한다. 이를 마치면 앉는다. 신(神)을 잠깐 동안 가두고 두 손을 마주보게 하여 앞으로 뻗는다. 일어나서 저녁 약(藥)을 먹는다.

제2절 기본공의 단련방법

중국 전통무술의 기본공 훈련은 크게 두 가지로 나누어볼 수 있다. 소림(少林)으로 대표되는 한 종류는 허리와 다리를 주로 단련하며 장공(樁功)과 경공(勁功)을 수련한다. 무당(武當)으로 대표되는 다른 한 쪽은 내경의 공력을 위주로 단련한다(당연히 두 파 모두 약물을 이용하여 내력을 증가시키는 방법이 있으며, 민간의 여러 가지 비법도 크게 이 범주를 벗어나지 않는다). 무당의 특색은 소림과는 달리 허리와 다리의 단련에 지나치게 치중하거나 뼈나 피부를 단단하게 하는 것이 아니라 허리와 다리를 영활하게 움직이는 기초 위에 신(神)과 의(意)를 안으로 단련시키는 경력(勁力)과 장공(樁功)을 주로 단련하기 때문에, 훈련방법도 약간 차이가 있다. 그러나 이것은 무당이 허리와 다리를 중시하지 않는다는 것이 아니며, 만약 격기(擊技)에 관해서 말한다면 무당태극권의 기초공과 허리와 다리를 사용하는 방법, 참장과 기력의 수련에 대한 요구는 소림권의 허리와 다리에 대한 요구에 절대 뒤지지 않는다. 이에 우선 무당삼봉태극권의 장공(樁功), 보법(步法), 신법(身法) 등의 기초에 대해 약간의 설명을 하고자 한다.

1. 장공(樁功)

무당삼봉태극권의 근원은 장삼봉의 『태극권경론』의 이론에 있다. 장삼봉은 『태극권경론』의 제1장에서 "도는 허무에서 일기(一氣)가 생기는 것인데 태극은 무극에서 생긴다. 동정(動靜)의 기미는 음양의 어머니이다"라고 하여 태극의 내공 기초에 대해 설명하고 있다. 즉 태극권의 기초는 정해진 노선을 따라 연마하는 형이 없고 초식도 없는 무극장(無極樁)에서 시작한다. 따라서 우리는 태극권을 수련할 때 반드시 참장부터 시작하여 초식이 없는 상태에서 초식이 있는 상태로, 최후에는 다시 초식이 없는 상태로 돌아가는데, 이렇게 단련하며 내공을 쌓아가야만 비로소 삼봉태극권의 작용을 충분히 발휘할 수 있게 된다.

장공(樁功)은 옛날의 『권경』에도 부합될 뿐만 아니라 현대의 인체역학 원리와 생리과학 원리와도 부합된다. 외형적으로는 움직이지 않는 것처럼 보이는 장공이지만 하나의 자세로 고정된 후에는 인체 중심의 이동상황은 기본적으로 변화하지 않지만 내력은 인체가 자세를 유지할 수 있도록 하는데, 이것이 '정(靜)의 기미'이다. 그러나 이때에 내의(內意)는 상대적으로 영활한 신경활동을 하는데(인체 중추신경이 시종 흥분상태를 유지함) 이처럼 일정한 방향을 가진 의식의 활동을 '동(動)의 기미'라고 한다. 외형적인 고요함과 내의(內意)의 움직임은 스스로를 끊임없이 조절하는데, 이로 말미암아 수련자의 형과 의는 질적인 변화를 하게 되고 수련의 결과로 무극의 상태로 된다. 이와 같이 적은 에너지를 소비하면서 정신을 집중하는 고효율적인 단련은 "진기는 계속 늘어나지만 해가 없다"라는 내공의 법칙을 증명하는 것으로 내가태극권의 기초가 된다.

무당삼봉태극권의 장공(樁功)은 정세참장(定勢站樁)과 장보공(樁步功) 그리고 활보장공(活步樁功)의 세 종류가 있다. 정세참장은 무극장(無極

椿)·태극혼원장(太極混元椿)·허실장(虛實椿)으로 구성되어 있는데, 어떤 특정한 자세를 취한 후 일정한 법칙에 따라서 장시간 단련하여 내경을 증가시키는 방법이다. 장보공은 정보출수(定步出手)나 좌우단편(左右單鞭) 등의 허리를 위주로 움직여 가며 내기를 운행시키고 다리로는 허실을 단련하는 방법이다. 활동장공은 구궁보나 전신 변환 등의 활동보법과 몸, 눈, 손, 발 등이 합일되는 자세를 취하여 신체의 영활성을 높이고 중심을 잘 잡도록 단련하는 것이다.

장보공 중에서 정세참장의 경우에 수련시간이 길어지면 공력도 그에 따라 증가하지만, 뒤의 두 가지 종류는 시간의 장단에 구애받지 않고 장기간에 걸쳐 단련하면 반드시 수확이 있게 된다.

2. 참장공(站椿功)

참장공법과 자세는 형체는 비록 움직이지 않으나 마음이 고요한 가운데 뜻이 움직이기 때문에, 체내의 조직과 조화를 이루어 고급 중추신경이 휴식을 취하고 조정되는 효과가 얻어지는 것과 함께 근육과 조직이 적당하게 단련되어 뜻에 따라 상대를 가격할 수 있는 내공이 만들어지게 된다. 무당삼봉태극권의 참장공에는 무극장(無極椿), 포구혼원장(抱球混元椿), 허실장(虛實椿) 등의 세 종류가 있는데 구체적인 수련방법은 아래와 같다.

1) 무극식참장공(無極式站椿功)

이 공법은 아침저녁의 행공이 끝난 뒤나 혹은 주가(走架) 이전에 원기를 기르고 내공을 배양하는 아주 간단하면서도 고급스러운 공법이다.

자연스럽게 다리를 어깨 넓이로 11자 형태로 벌린다. 무릎을 가볍게 구부리고 어깨와 팔에서는 완전히 힘을 뺀 후 옆에다 늘어뜨린다. 상반신은 단정하게 바로 세우고 몸의 중심을 하반신에 두며, 혓바닥은 입천장에 붙이고 허리의 긴장을 풀고 가슴은 가볍게 안으로 집어넣는다. 안정스럽고 평화로운 상태에서 자연스럽게 호흡하며 두 손은 왼손이 위로 오도록 하여 아랫배에 가볍게 포개놓은 다음, 겨드랑이에 틈이 생기도록 자세를 잘 유지하면서 기를 단전에 가라앉힌다. 단전에서 기가 운행하는 모습을 잘 지켜보며 태극장공의 행공요결을 묵념해도 좋다.

2) 태극혼원장(太極混元樁)

기본자세는 무극식과 동일하고 단지 손의 모양이 조금 다른데, 두 손을 가볍게 앞으로 뻗어 위로 들어올린 다음 마치 공을 끌어안고 있는 것처럼 팔꿈치를 가볍게 구부려 둥그렇게 원형을 만든다. 팔과 손은 가슴 높이 정도로 한다.

이 자세는 호연지기를 기르고 붕경(掤勁)을 단련하는데 공력이 높을수록 자세가 낮다. 주의해야 할 것은 구부린 무릎이 발끝을 벗어나지 않아야 하며 미려와 척추를 일직선으로 하여 몸을 앞이나 뒤로 구부리지 않아야 한다는 점이나.

3) 허실장(虛實樁)

이 자세는 현재 유행하고 있는 형의권(形意拳)의 삼체식(三体式)과 기본적으로 같은데, 자세를 높게 하면 태극권의 '수휘비파(手揮琵琶)' 초식과도 같다.

우실좌허식(右實左虛式); 오른발에 신체의 중심을 두고 선 다음 외발을 비스듬하게 앞으로 내딛어 발끝이 땅에 닿도록 하고 힘의 30% 정도가 왼발에 실리도록 한다. 오른쪽다리는 무릎을 구부린다.

좌실우허식은 우실좌허식과 반대이다.

태극장공(太極樁功) 구결(口訣)

사람 몸은 본래 하나의 태극이니
위는 양으로 하늘을 떠받치고, 아래는 음이라 땅과 연결되네.
손으로 공을 끌어안고 뜻으로 혼원(混圓)을 단련한다.
무릎은 발끝을 넘지 않는다.
참장의 높낮이는 스스로 결정하니
낮을수록 오랠수록 공력이 높다.
눈은 멀리에서 가까운 곳으로 끌어들이고
응시하며 물건을 끌어들여 마음으로 보네.
가슴은 당기고 등은 곧게 펴니 머리가 그것을 따르고
혀는 입천장에 대어 호흡을 헤아린다.
처음에는 단전에 기를 채우는 것이니
호흡할 때 회음을 끌어올리는 것에 주의하라.
들이마시고 끌어올리고 한 번 부풀리니
기가 명문과 관원 사이에 있구나.
전음과 후음을 막아 축기를 하고
종아리를 따라가다 나중엔 발뒤꿈치의 힘을 써라.
용천을 두 쪽 다 꽉 잡아서
흡기할 때 의념으로 기를 위로 들어올린다.
주천하여 기가 앞뒤의 삼관을 통과하게 하고
기의 움직임이 허리에 있음을 항상 생각하라.

이렇게 수백 번을 반복하게 되면
단전과 용천에서 열기가 발생한다.
계속하여 위로 끌어올려 협척을 지나면
백회와 니환을 거쳐 아래로 끌어내린다.
왕복해서 끝이 없이 순환하게 되면
날이 갈수록 태극력이 강해진다.

3. 장보공(樁步功)

무당삼봉태극권의 장보공은 마보장(馬步樁)과 운수장(雲手樁)을 기본으로 단련하게 되는데 자세한 과정은 아래와 같다.

1) 마보장(馬步樁)

두 발을 어깨 넓이로 가볍게 벌리고 허리와 척추를 곧게 펴고 엉덩이와 고관절을 가볍게 거두어들인다. 두 손은 힘을 빼고 늘어뜨리며 이와 입술은 디문다. 혀끝을 치근(齒根) 쪽에 붙이고 호흡을 자연스럽게 하며 눈은 가볍게 앞을 본다. 어깨와 고관절에 힘을 빼고 몸을 똑바로 세운 상태에서 무릎을 구부리는데 각도는 발끝을 초과하지 않도록 한다. 종아리는 최대한 수직을 유지하고 대퇴부는 수평을 유지하도록 하며 엉덩이와 허리, 어깨 등은 직선을 유지하도록 하여 마치 의자 위에 앉아 있는 것처럼 한다. 두 손은 위로 가볍게 들어 손바닥을 아래로 하여 앞으로 뻗는다. 발가락은 오므려 땅을 잡고 기를 단전에 가라앉힌다. 오랫동안 계속하여 단련하면 단전과 몸의 중심이 어디에 있는지 알게 된다. 시간은 처음에는 짧게 하고 점점 늘여가는데 30분 정도 이 자세를 유지할 수 있어야 기본공이 완성되고 그 기초 위에서 태극권을 단련하거나 퇴수를 연마한다.

2) 운수장(雲手樁)

마보장을 연마한 이후에 운수장을 연마한다. 신체에 대한 기본적인 요구는 마보장과 같은데, 단지 손과 몸 그리고 고관절의 운동법칙이 마보장과 약간 다르고 허실운수와 동보운수장(動步雲手樁) 등의 변화가 있다.

(1) 정보운수(定步雲手)

마보장을 유지한 상태로 오른손은 코앞에서 새끼손가락이 코끝을 향하게 하여 허리와 몸의 운동에 따라서 바깥쪽으로 회전하면서 원운동을 하고, 동시에 손을 돌리는 동작을 따라 팔목이 함께 돌아가도록 한다. 다른 한 손은 배꼽과 평행이 되게 놓고 가슴에서 위로, 다시 밖으로, 다시 아래로 하여 배꼽까지 되돌아가도록 한다. 코끝을 지날 때 좌우의 손을 순서에 따라 서로 바꾸어 준다. 이 자세는 형으로 기를 이끌고 고관절의 중심을 잡아주기 때문에 허리와 명문을 단련하고 단전의 기운이 팔과 손, 고관절 등으로 운행하는 것을 돕는다.

(2) 허실운수(虛實雲手)

보법을 정보운수보다 약간 크게 하는데, 즉 어깨보다 약간 넓게 벌린다. 운수방식은 정보와 같으나 다리의 허실과 고관절 부위의 변화는 다르다. 오른손이 위에 왔을 때의 예를 들면 위의 손이 오른쪽으로 움직여갈 때 오른손이 위에 왼손이 아래로 하여 마치 팔꿈치를 받치고 있는 듯하게 하며 중심은 오른쪽에 둔다. 왼발이 허로 변해갈 때 발끝을 안쪽으로 구부려 좌허우실보가 되도록 한다.

(3) 동보운수(動步雲手)

동보(動步)와 운수를 함께 진행하는 것이다. 허실운수의 기초 위에서 근보(跟步)나 삽보(揷步) 혹은 병보(幷步) 등을 단독으로 단련하는 임의성이 높은 훈련이다. 이 훈련은 몸과 손, 다리의 통일을 제일 잘 나타내 보일 수 있기 때문에 기초공으로 단련할 만하고 동시에 강력한 공방의의도 있으므로 도가무술에서는 동보운수의 단련을 중시했다. 아울러 구궁팔괘를 그려 놓고 그 위를 걸으면서 하는 단련도 있다.

4. 활보장공(活步椿功)

동보운수(動步云手)를 숙련될 정도로 단련한 뒤에는 사우장보공(四隅椿步功)을 연마할 수 있는데, 즉 '채(採)'·'열(挒)'·'주(肘)'·'고(靠)'의 4개 수법을 사용하는 장공이다. 구체적 방법은 아래와 같다.

몸과 얼굴을 남쪽으로 하여 자연스럽게 서서 예비식의 자세를 취한다. 왼발을 동남쪽으로 허보(虛步)로 딛으며, 왼손은 손바닥이 위로 향하게 하여 왼쪽 고관절을 거쳐 위로 들어올리고, 오른손은 바닥이 아래로 향하게 하여 아래로 누르는 모양을 해서 우실좌허의 모양을 갖추는 것이 '채(採)'이다. 왼발이 실(實)로 변하고 오른발을 왼발 옆으로 거두어들여 우전방(서남쪽)으로 가볍게 내딛으며, 몸은 다리와 손을 따라 함께 움직이는데 두 손은 가지런히 하여 장심(掌心)이 마주보게 한다. 이를 열(挒)이라고 한다.

왼발을 거두어들이고 왼팔을 위로 들어 팔꿈치를 누르는 듯하며, 좌실운수보(左實云手步)가 되도록 한다. 방위는 동북쪽인데 이것을 '주세(肘勢)'라고 한다.

오른발을 거두어들이고 손을 모으며 다시 서북쪽으로 다리를 내딛는데,

이를 '고(靠)'라고 한다. 이때에는 손이 비틀어지거나 혹은 변환되는데, 경(勁)이 어깨의 견정혈에 도달하도록 뜻〔意〕으로 이끌어야 한다. 허리의 떨림으로부터 힘을 이끌어내는 것을 '고(靠)'라고 한다.

주의 ; 다리를 내딛을 때 마음이 먼저 거두어들이고, 내딛는 방향은 비스듬하게 한다.

활보장공은 태극권의 투로(套路)를 모두 마친 후 아무 것이나 하나 선택하여 단련하고, 연이어서 다른 것을 단련하는 것이 좋은데, 보법(步法)과 신법(身法) 그리고 중심을 안정적으로 잡는 것이 아주 중요하다.

제3절 형체(形體)에 대한 요구

무당삼봉태극권은 양생과 건강, 신체의 방어 등에 관련한 종합적인 격기(擊技)이며 풍부하고도 독특한 공법과 기술을 가지고 있다.

도가에서는 비록 '도법자연(道法自然)'의 준칙(準則)을 지켜야 하나 형체에 대한 각 요구는 일정한 규칙을 가질 수밖에 없다. 삼봉태극권의 수족이나 신체 각 부위에 대한 기본적인 요구는 힘과 시간을 덜 들이고 공은 배가되는 효과를 얻을 수 있게 할 뿐 아니라, 건강이나 대련 등에서 아주 중요한 역할을 하게 된다.

기본기술

1) 손의 모양과 손 쓰는 법

무당삼봉태극권의 손 모양은 권, 장, 구수 등의 세 종류가 있다.

(1) 권(拳)

네 손가락을 구부려 쥐고 엄지손가락을 식지(食指; 둘째손가락)와 중지의 두 번째 관절 위에 올려놓는다. 훈련할 때 손에 너무 힘이 들어가지 않도록 할 뿐만 아니라 사용할 때 너무 힘을 빼서도 안 된다. 주먹의 면은 평평하게 하고 손목은 직선을 유지하도록 한다.

무당삼봉태극권에는 통상 다섯 가지 정도의 주먹 형태가 있는데, 반란추정세(搬攔捶定勢)에서는 부권(浮拳)이라 하여 주먹이 아래를 향하고, 주저전추정세(肘底前捶定勢)에서는 입권(立拳)이라 하여 주먹을 쥔 엄지 손가락 부분이 아래나 위를 향하며, 반신추경정세(搬身捶經定勢)에서는 앙권(仰拳)이라 하여 장심이 위를 향하게 하는 등이다. 주먹을 내뻗는 과정에서는 주먹이 팔목이나 팔이 선전(旋轉)하는 변화를 따르는데 몇 가지 주먹 형태의 종합적인 변화이므로 일일이 언급하지는 않겠다.

(2) 장(掌)

다섯 손가락을 자연스럽게 펴서 하나의 평면을 만든다. 손가락은 자연스럽게 벌리고 힘을 주지 않는다. 엄지에 힘을 주어 젖혀지지 않도록 주의하며 나머지 네 손가락을 따른다. 장의 운동은 태극권에서 가장 많이 사용되는데, 이는 허실의 변화가 자유롭고 상황에 따라서 다른 형태를 만들어 내기가 쉽기 때문이다.

장은 손가락 끝이 위를 향하거나 비스듬히 위를 향하는 '입장(立掌)', 장심이 위나 아래를 행하는 '앙장(仰掌)', 장심이 아래를 향하는 '부장(浮掌)', 손바닥을 세워 엄지 쪽이 위를 향하는 '측장(側掌)', 손가락이 위를 향하고 장심이 전면을 보는 '정장(正掌)' 등이 있다.

(3) 구수(勾手)

촬수(撮手), 조수(弔手) 등으로 부르기도 한다. 엄지손가락은 중지의 가운데 마디에 가볍게 대고 식지를 구부려서 나머지 손가락들을 가지런히 붙인다. 손목은 힘을 뺀 상태에서 원활하게 움직여야 하며 억지로 구부려서는 안 된다. 완력과 지력을 연마하는 방법의 하나이다.

(4) 손 쓰는 법

무당삼봉태극권의 손 쓰는 법은 하나의 손이 앞서가면 다른 손이 따라가는 것, 한 손이 주가 되면 다른 손은 보조가 되는 것, 좌우의 두 손을 교차시켜 시종 서로 이끌거나 마주보거나 하는 등이다. 주가(走架) 중에는 두 손이 팔이나 손의 선전(旋轉)에 따라 장을 뒤집기도 하고 크고 작은 원을 그리기도 하며 원호(圓弧)를 그릴 때도 있다. 주먹은 마음으로부터 발(發)하며 손은 코끝에서 떨어진다. 손의 영활한 움직임은 "면전에 손이 있지만 손을 보지 아니하고, 가슴 앞에 팔꿈치가 있지만 팔꿈치를 의식하지 않는다"는 경지에 이르러야 한다. 손을 들어 전후좌우 어디든지 움직일 수 있기 때문에 정해진 노선이 없이 구부리면 곧 펴고 자연스럽게 움직임을 오래 계속하다 보면 마음을 따라 손이 움직이게 된다.

수법의 거리는 비밀로 하여 감추는 경우가 많은데 특히 위치를 잡는 방법은 아는 사람이 극히 적다. 두 손의 거리는 손목에서 팔꿈치까지(약 7, 8촌)가 적당한데, 가식의 대소와 형식에 따라 거리는 변화를 갖게 된다. 몸을 돌리는 위치의 폭 역시 깊이 연구해야 비로소 태극권의 오묘함을 체득할 수 있다.

2) 보형(步型)과 보법(步法)

보형은 평보(平步)·궁보(弓步)·마보(馬步)·부보(仆步)·허보(虛步)·헐보(歇步)·반마보(半馬步) 등이 있는데, 각 보법은 두 발의 위치가 다름에 따라서 좌우고저의 구분이 있게 된다.

(1) 평보(平步)

발끝이 앞을 향하도록 서는데 두 발 사이의 거리는 자신의 어깨 넓이 정도가 적당하다. 예비식의 보형이 여기에 속한다.

(2) 궁보(弓步)

무릎을 구부려서 종아리가 지면과 수직이 되게 하고, 앞이나 뒤 혹은 좌우로 치우치지 않게 서는 것이다. 뒷다리는 곧게 편다.

(3) 마보(馬步)

두 발을 나란히 놓고 발끝이 약간 벌어진 상태에서 대퇴부가 지면과 수평이 되도록 자세를 낮춘다. 이때 무릎은 발끝을 넘지 않아야 하며 가슴과 등은 곧게 세워 앞이나 뒤로 넘어가지 않게 한다.

(4) 반마보(半馬步)

단편정세보(單鞭定勢步)처럼 앞다리가 70% 정도의 힘을 받도록 하며 무릎을 90도로 굽히고 뒷다리도 약간 구부린 채 중심의 30% 정도 힘을 받게 한다. 이 보법은 마보와 비슷하고 궁보와도 비슷하기 때문에 반마보라고 한다.

(5) 부보(仆步)

한쪽 다리를 쭉 뻗어 발바닥이 땅에 닿게 하고 다른 다리는 무릎을 구부려 아래로 앉아서 중심을 받도록 한다. 회두복식(回頭扑食)이나 단편하세(單鞭下勢) 등의 식에서 사용된다.

(6) 허보(虛步)

두 발을 앞뒤로 나누어 뒷다리는 무릎을 굽혀 반쯤 앉고 앞다리는 뒤꿈치가 땅에 닿도록 하는데 발끝은 위로 들리게 하여 전허후실(前虛後實)의 자세를 유지한다.

(7) 헐보(歇步)

권가(拳架) 중에 앞발이 발끝이 밖으로 틀어진 상태에서 완전히 바닥에 닿고, 뒷발의 발가락이 앞발에 바짝 붙어 땅을 딛고 둔부는 앞발 뒤꿈치 위에 놓고 앉는다. 좌우의 구분이 있다.

3) 몸을 움직이는 데에 대한 요구

무당삼봉태극권의 몸 움직임은 정체성을 강조하는데, "한번 움직이면 전신에서 움직이지 않는 부위가 없다"고 할 정도이다.

4) 행공 요령

동정은 서로 영향을 미치는데 "움직이면 갈라지고, 고요해지면 합해진다"는 것이 태극권의 중요한 근거이다. 행공을 하거나 퇴수를 할 때나 실전에서도 모두 각자 오묘함을 가지고 있는데 동정의 원리는 서로 통하고 변하지 않는다. 따라서 몸의 형태나 사용법은 반드시 아래의 여러 상황을 주의해야 한다.

(1) 관정조당(貫頂調襠)

관정은 머리가 마치 상투에 줄을 달아 위로 끌어올린 듯한 자세로 정신을 정수리(백회혈)에 집중하여 정기를 끌어올림으로써 단전에 기가 집중되게 하는 것이다. 조당은 항문을 끌어올려 마치 변을 참는 것같이 하여 기가 밖으로 넘쳐나지 않게 하는 것인데, 하체의 음양이기를 조화시키는 것을 목적으로 한다.

(2) 함흉송요(含胸鬆腰)

양쪽 어깨관절은 힘을 뺀 상태에서 아래로 늘어뜨리고 어깨는 안쪽으로 약간 말아 넣는다. 이렇게 하면 기가 단전으로 모이게 되고 가슴과 등의 근육들이 이완되어 편해짐을 느끼게 된다. 반대로 가슴을 내밀게 되면 기가 가슴에 걸려 가득 차게 되고 위로 상기되어 단전에 모이기 힘들어진다. 허리는 전신의 주재이다. 허리에 힘을 빼는 것은 허리근육의 강직을 풀어주고 기가 위로 뜨는 것을 막아주며, 족부(足部)가 튼튼하게 만들어 보법에 중심을 실어줄 수 있게 된다. 태극권의 진퇴나 선전은 모두 허리가 지배하기 때문에 허리에 힘을 빼는 송요(鬆腰)는 필수적이다.

(3) 침견추주(沈肩墜肘)

침견은 양쪽 어깨관절에 힘을 뺀 상태에서 아래로 늘어뜨리는 것을 말한다. 추주는 주먹을 내지를 때나 장을 뻗을 때 팔꿈치의 힘이 아래로 작용하게 해야 한다는 뜻이다. 어깨관절과 팔꿈치는 서로 연결되어 있기 때문에 침견추주가 이루어지면 기가 손가락 끝까지 이르게 되어 내경이 탄력 있게 밖으로 발해진다. 반대로 하면 기가 가슴에 갇혀 두 다리가 뿌리 없이 떠서 움직이게 되는데, 이것은 권법 수련에서 크게 꺼려하는 것이다.

(4) 미려중정(尾閭中正)

미려는 미저골로 척추의 최말단에 위치하고 있다. 이곳이 바로 서지 않으면 척추의 곡선이 영향을 받게 되어 정력이 위로 올라가기 힘들어진다. 그리고 미려가 바로 서야만 신(神)도 관정할 수 있게 된다. 두 발에 힘을 주고 엉덩이를 앞으로 거두어들이고 척골과 미려를 앞으로 밀어 단전을 받치게 하여 동작 방향의 변화를 따라서 미려 부위가 코와 배꼽의 연결선에서 벗어나지 않도록 하는 것이 '미려중정'이다.

(5) 굴슬송과(屈膝鬆胯)

고관절, 무릎, 발목은 하지의 3대 관절이다. 허리를 움직인다는 것은 사실상 허리와 고관절을 움직이는 것이다. 고관절은 허리와 다리의 움직임과 관련이 있기 때문에 고관절에 힘을 빼는 것은〔鬆胯〕 허리와 다리의 동작을 더욱 영활하게 만들어준다. 무릎을 구부리는 것은 하체를 가라앉히고 힘이 있게 해준다. 발을 구부려서 앞으로 내딛을 때에는 구부러진 무릎이 발끝을 초과하지 않도록 해야 한다. 그리고 다리의 여러 가지 운동은 무릎관절과 고관절의 운동에 의해서 좌우됨을 잊지 말아야 하겠다.

(6) 선과전퇴(旋踝轉腿)

발목 관절을 풀기 위해 발끝을 들어올리거나 내리고 혹은 안팎으로 뒤집기도 하고, 땅을 딛은 상태에서 앞뒤로 움직이거나 좌우로 돌리는 모든 동작은 원형이 되도록 한다. 이런 동작들은 발목관절 근처 경락의 기운을 잘 흐르게 하여 다리의 유연성과 영활성을 기르는 데에 좋은 작용을 한다.

(7) 분청허실(分淸虛實)

권식의 연속동작은 허실의 변화로 과정은 허이고 종점은 실이다. 보법의 변화는 중복됨을 피해야 하는데, 두 다리가 허와 실로 분명히 구분되어야 마음에 따라 아래위로 움직이거나 굴신하는 등의 동작에 조금의 힘도 들지 않게 된다. 만약에 허실이 정확하지 않으면 발을 내딛을 때 중심을 잃게 된다.

(8) 상하상수(上下相隨)

발에서 다리 허리로 이어지는 일련의 동작은 물 흐르듯 부드럽게 또 하나의 동작으로 이어져서 완성되어야 한다. 손이 움직이고 허리가 움직이고 다리가 움직이며 눈이 그것을 쫓아가는 등 각 부위가 서로 유기적으로 잘 협조하여 완전한 동작을 만들어내는 것을 '상하상수'라고 하는데, 어느 한 곳이라도 움직이지 않으면 흩어지고 혼란하게 된다.

(9) 연면부단(連綿不斷)

권술의 모든 동작이 서로 연결되어 있고 처음부터 끝까지 계속 끊어짐이 없이 나아가는 것을 말하며 순환하여 끝이 없는 것을 나타내는데, 이것은 태극권의 특징 중의 하나이다.

(10) 순임자연(純任自然)

이 권술의 모든 동작은 뜻을 사용하지 힘을 사용하는 것이 아니기 때문에 뜻이 이르는 곳에 기가 저절로 따라가게 되고 이것이 내경과 탄력을 이루게 된다. 이 자연스러움을 거슬러 함부로 힘을 사용하게 되면 전신이 굳어지고 경락이 잘 통하지 않게 되고 혈맥이 막혀 동작이 영활하지 못하게 된다. 경락을 소통시키고 기가 움직이기 위해서는 지나치게 뜻이나 힘을 사용하지 말고 급히 이루려는 욕심 역시 버려야 기운의 흐름이 막혀서 나타나는 각종 부작용을 막을 수 있다.

5) 태극권의 팔법(八法)

(1) 붕(掤)

태극권 중에서 위나 밖으로 향하는 경력을 붕이라고 한다. 쌍방이 손을 맞댈 때 상대의 몸이 앞으로 들어오며 공격해올 때 나는 그 힘을 따라 위와 밖으로 경력을 발출하여 상대에게 달라붙어 내 몸과 가슴 쪽으로 들어오는 것을 막고 물러나거나 그치지 못하도록 하는 것이 바로 붕이다. 붕은 십삼세 중에서 가장 중요한데 그 요점은 크게 네 가지가 있다.

① 붕은 상대방에 달라붙어 상대와 대항하는 것은 아니다.

② 진(進), 퇴(退), 고(顧), 반(盼) 중 어느 것을 막론하고 붕경을 잃어서는 안 된다.

③ 붕경의 자세는 손과 팔꿈치와 팔이 일정한 호(弧)를 그려야 하는데 팔이 가슴 쪽으로 붙어서도 안 되고 팔꿈치를 너무 들어올려서 노출시켜서도 안 된다.

④ 붕경은 암경(暗勁)에 속하며 영활한 운용이 필요하다.

(2) 리(攌)

태극권에서 옆으로 움직이는 힘을 리라 한다. 상대가 나를 향하여 공격해올 때 나는 상대의 팔목이나 팔꿈치에 달라붙어 들어오는 힘을 이끌어 몸의 왼쪽이나 오른쪽으로 향하게 하는 것이다. 이것은 상대의 경력에다가 옆으로 흐르는 아주 작은 힘을 더하여 상대로 하여금 옆으로 흐르는 큰 힘을 느끼게 하여 그 힘으로 상대를 타격하는 것이다. 그 요점은 크게 네 가지가 있다.

① 상대방의 경력의 움직임에 따라서 약간 방향만 변화시킨다.

② 허리를 돌리거나 고관절을 낮추거나 함흉발배(含胸拔背)의 동작을 정확하게 하며 몸이 뻣뻣해져서는 안 된다.

③ 상대의 힘을 끌어 옆으로 흘릴 때 자기는 앞으로 나가는 자세를 유지하여 상대방이 초식을 변화시키는 것을 막고 자기가 적을 타격하기 유리하도록 한다.

④ 두 손은 반드시 나누어 상대의 팔목이나 팔꿈치에 달라붙고 동시에 아주 작고 가벼운 힘으로 상대의 힘을 빌려 더 큰 힘으로 만들며 상대가 어깨나 고관절로 지고 들어오는 것을 방해한다. 따라서 오로지 자기를 먼저 안정적인 위치에 두고 상대의 힘을 옆으로 끌어야 상대가 평형을 잃고 피동적인 상태에 들어가게 된다.

(3) 제(擠)

제는 앞으로, 밖으로 민다는 뜻으로 압박하는 경력이다. 태극권 중에서 상대가 밖으로 미는 힘을 잃어버리도록 하는 것이 바로 '제'이다. 손·팔·어깨 등으로 상대에게 달라붙어 손등으로 밖으로 밀거나 계속하여 변화시켜 앞으로 미는데, 목적은 상대로 하여금 평형을 잃게 하는 것이다. 따라서 제법은 손과 팔에 힘을 주고 몸 전체의 역량을 빌어서 사용한다. 이 경력은 허리의 움직임과 발가락이 땅을 잡고 있는 것, 궁보, 그리고 단전에서 출발한 힘이 용천혈과 노궁혈에서 모여진 힘 등이 모두 함께 작용하여 적의 중심을 향해 나간다.

(4) 안(按)

태극권에서 손을 아래로 눌러 상대방이 전진해오는 공격을 억제하는 것을 '안'이라고 한다. 손이 아래를 향하고 정신의 경력을 사용하며 팔꿈치를 내려뜨리고 허리의 긴장을 풀고 고관절을 구부려 기가 아래로 내려가게 하는 것이다. 만약 스스로의 옆 방향으로 상대의 힘을 끌어들일 수 있다면 상대는 평형을 잃게 되고 심지어 엎어질 수도 있게 된다.

(5) 채(採)

태극권에서 상대의 경력을 끌어당기는 것을 '채'라고 한다. 채는 쌍방의 손이나 팔꿈치가 서로 대치하고 있거나 혹은 서로 붙어 있을 때 아래로 내려뜨려 상대로 하여금 반항하며 위로 받치게 하고 그 힘을 따라 들어올려 상대가 평형을 잃고 움직이게 하는 것이다. 이 경력은 마치 꽃을 따는 것과도 같은 느낌을 가져야 한다. 주의해야 할 것은 나의 두 손이 상대의 손과 팔꿈치를 완전히 좌지우지할 수 있을 정도로 하여 두 손의 경력이 마주치고 있는 점을 이용하여 상대를 뽑아 올리듯 하여 상대의 신체에 손상을 주거나 평형을 잃게 하는 것이다.

(6) 열(挒)

태극권에서 상대의 경력을 상대에게 돌려주며 그 힘으로 상대를 제압하는 경력을 '열'이라고 한다. 일반적으로 한 손은 상대의 손이나 팔목에 달라붙어 이끌고 다른 손은 끌어들이는 팔목의 바깥쪽에 붙여 몸을 돌리며 일종의 이심력(離心力)을 만들어내고 그 힘으로 상대를 원형을 그리며 휘둘러 비틀거리게 하며, 나는 그 세를 따라 몸 전체로 발력하여 상대를 넘어지게 한다. 열의 경력을 사용할 때에는 상대의 경력을 받아들이고 동시에 상대의 경력을 전이시켜야 하는데, 전자는 사람을 따르는 것이고 후자는 자기에서 출발한다. 다시 말하면 먼저 상대 경력의 방향에 순응하며 그 이후에 스스로 방향을 변화시켜 동작이 원호를 그리게 하는 것이다. 주의해야 할 것은 동작이 반드시 신체와 잘 협조해야 한다는 것이다. 무당삼봉태극권의 도연후(倒攆猴)나 화장엄주(化掌掩肘), 그리고 만궁사호식(彎弓射虎式) 등에 열의 공격이 들어 있다.

(7) 주(肘)

태극권에서 '주'의 용법은 두 가지가 있다. 하나는 상대가 나의 가슴보다 높은 위치로 공격해올 때 한 손은 상대의 손이나 팔목에 붙이고 다른 손은 상대의 팔꿈치를 들어올리듯 잡아 상대를 제압하는 것이고, 다른 하나는 자기의 팔꿈치로 적을 타격하는 것이다. 팔꿈치는 뼈가 튀어나온 곳으로 적을 공격하기에 아주 유리한 부위이다. 사용할 때에는 두 팔꿈치를 계속 이용하여 영활한 공격을 가할 수도 있는데 태극권에서 자주 사용된다.

(8) 고(靠)

태극권에서 어깨나 등, 고관절 등을 이용하여 적을 공격하는 것을 '고'라고 한다. 고는 쌍방의 신체가 아주 가까이 붙어 있을 때에 사용하며, 사용할 때에는 상대가 힘을 전화시켜 자신이 평형을 잃지 않도록 주의해야 한다. 따라서 고에서는 중심을 굳건히 유지해야 하는데, 이는 때로 몸을 떨 듯이 하며 아주 강한 폭발력을 발휘할 수도 있다.

태극권의 팔법(八法)은 반복하여 숙련시켜서 자유롭게 운용할 수 있어야 한다. 팔법의 사용에서는 통상적인 규칙이 있는데 예를 들어본다면 아래와 같다.

① 바로 들어오면 횡으로 막고, 횡으로 들어오면 바로 찔러 나간다.

② 붕(掤)은 채(採)로 제압한다.

③ 리(擺)는 제(擠)로 상대한다.

④ 제는 안(按)으로 흩트린다(제는 리로 제압할 수도 있다).

⑤ 안은 붕(掤)으로 상대한다.

제4절 권보의 명칭과 동작의 설명

1. 무당삼봉태극권 권보의 명칭

예비식 : 쌍수봉천(雙手捧天), 기침단전(氣沈丹田)

1) 태극기세(太極起勢)
2) 전신붕장(轉身掤掌)
3) 남작미식(攬雀尾式)
4) 순랍단편(順拉單鞭)
5) 제수상식(提手上式)
6) 백학양시(白鶴亮翅)
7) 누슬요보(摟膝僚步)
8) 수휘비파(手揮琵琶)
9) 백학양시(白鶴亮翅)
10) 누슬요보(摟膝僚步)
11) 수휘비파(手揮琵琶)
12) 전신순장(轉身順掌)
13) 반란추식(搬攔捶式)
14) 여봉사폐(如封似閉)
15) 십자피홍(十字披紅)
16) 좌고우반(左顧右盼)
17) 쌍탐분장(雙探分掌)
18) 남작미식(攬雀尾式)
19) 사주단편(斜走單鞭)
20) 주저간추(肘底看捶)
21) 좌도연후(左倒攆猴)
22) 우도연후(右倒攆猴)

23) 작보비룡(鵲步飛龍)
24) 유신제수(揉身提手)
25) 백학양시(白鶴亮翅)
26) 진보쌍장(進步雙掌)
27) 해저로월(海底撈月)
28) 번신과해(翻身過海)
29) 별신벽추(撇身劈捶)
30) 전반란추(轉搬攔捶)
31) 상보봉폐(上步封閉)
32) 진람작미(進攬雀尾)
33) 순랍단편(順拉單鞭)
34) 좌우운수(左右運手)
35) 단편휘출(單鞭揮出)
36) 고탐마식(高探馬式)
37) 십자분각(十字分脚)
38) 분파등퇴(分擺蹬腿)
39) 진보재추(進步栽捶)
40) 별신벽추(撇身劈捶)
41) 진반란추(進搬攔捶)
42) 제슬등퇴(提膝蹬腿)
43) 요보양나(要步亮拿)
44) 금계독립(金鷄獨立)
45) 피신타호(披身打虎)
46) 십자등퇴(十字蹬腿)
47) 쌍수삽장(雙手插掌)
48) 쌍풍관이(雙風貫耳)
49) 개합채수(開合採手)
50) 선풍파퇴(旋風擺腿)
51) 휘수비파(揮手琵琶)
52) 전반란추(轉搬攔捶)
53) 여봉사폐(如封似閉)
54) 십자피홍(十字披紅)
55) 좌고우반(左顧右盼)
56) 쌍탐분장(雙探分掌)
57) 남작미식(攬雀尾式)
58) 사주단편(斜走單鞭)
59) 야마분종(野馬分鬃)
60) 남작미식(攬雀尾式)
61) 순랍단편(順拉單鞭)
62) 옥녀천사(玉女穿梭)
63) 진람작미(進攬雀尾)
64) 순랍단편(順拉單鞭)
65) 운수비발(雲手臂發)
66) 상향단편(相向單鞭)
67) 회두복식(回頭扑食)
68) 단봉조양(丹鳳朝陽)

69) 화수소각(化手掃脚)
70) 일주경천(一柱擎天)
71) 좌우연후(左右攆猴)
72) 작보비룡(鵲步飛龍)
73) 회신제수(回身提手)
74) 백학양시(白鶴亮翅)
75) 쌍화침장(雙化沈掌)
76) 해저로월(海底撈月)
77) 번신과해(翻身過海)
78) 이룡희주(二龍戲珠)
79) 병보반란(幷步搬攔)
80) 상보봉폐(上步封閉)
81) 남작미식(攬雀尾式)
82) 순주단편(順走單鞭)
83) 운수비발(雲手臂發)
84) 단편하세(單鞭下勢)
85) 백사토신(白蛇吐信)
86) 화장엄주(化掌掩肘)
87) 개합파퇴(開合擺腿)
88) 진보지당(進步指襠)
89) 진람작미(進攬雀尾)
90) 단편순장(單鞭順掌)
91) 운수단편(雲手單鞭)
92) 고탐마식(高探馬式)
93) 사천차퇴(斜穿叉腿)
94) 쌍화루보(雙化摟步)
95) 대안조수(大雁操水)
96) 전신지당(轉身指襠)
97) 원보람의(圓步攬衣)
98) 구말순장(勾抹順掌)
99) 운수단편(雲手單鞭)
100) 퇴창망월(堆窓望月)
101) 상보칠성(上步七星)
102) 퇴보과호(退步跨虎)
103) 쌍선파련(雙旋擺蓮)
104) 만궁사호(彎弓射虎)
105) 단봉조양(丹鳳朝陽)
106) 독립반추(獨立搬捶)
107) 여봉사폐(如封似閉)
108) 십자화수(十字化手)

수세 : 천지합일(天地合一)

2. 무당삼봉태극권의 동작 설명

그림과 동작에 관해 주의할 점

(1) 일반적인 학습과 독서의 관례에 따라 무당삼봉태극권의 동작에 관한 설명은 동작 · 요점 · 용법의 세 방면에 걸쳐서 주로 설명했고, 경락의 운행이나 내경의 의식 그리고 호흡 등은 자연을 따라가야 하기 때문에 따로 자세하게 설명하지 않았다.

(2) 그림 중 각도가 다른 것은 수련자가 남쪽을 향하고 있을 때를 정면으로 하여 찍었기 때문이다. 그러나 이런 것들은 대부분 글로 설명했기 때문에 만약 설명이 없는 것이라면 남쪽을 향하고 있다고 보아야 한다. 숙련이 되고 난 후에는 스스로 방향을 선택해도 된다.

(3) 본 태극권의 보법은 모두 호형(弧形)이다. 따라서 원호가 너무 많은 관계로 방위에 따라서 폭이나 거리를 대충 정해놓았다. 그러나 실제 운용에 있어서는 수련자의 숙련 정도나 사람의 체형 등에 따라 각기 다르기 때문에 고정적이고 불변한 방위와 폭은 없다.

(4) 행공 중 앞으로 나아갈 때에는 반드시 발뒤꿈치가 먼저 땅에 닿도록 하고, 그 이후에 전체적인 중심을 옮겨야 한다. 만약 특수한 설명이 없다면 모두 여기에 준한다. 뒤로 물러날 때에는 발끝이 먼저 땅에 닿도록 한 다음 전체적인 중심을 옮기도록 한다.

(5) 무당삼봉태극권의 동작에 관한 설명에는 팔과 팔목의 선전(旋轉)에 관한 말이 자주 나오는데, 이는 나선형의 동작을 통해서 힘을 분산시키고 달라붙게 하는 과정이다. 팔이 안으로 혹은 밖으로 선전한다는 것은 엄지손가락이 있는 부위가 장심의 방향으로 선전하는가 혹은 손등 쪽으로 돌아가는가 하는 것으로 구별한다. 본 권법에서는 안으로 돌아가는 것이 많고 밖으로 돌아가는 것은 상대적으로 적다.

3. 무당삼봉태극권의 동작 그림

0) 예비식

자세

남쪽을 향하여 바로 서서 전신의 힘을 뺀다. 두 눈은 가볍게 뜨고 정면을 바라보며 머리는 위에 끈이 달려 있는 것처럼 바로 세운다. 아래턱은 안으로 끌어들이고 이와 입술은 가볍게 다물며 혀는 입천장에 붙인다. 양팔은 아래로 늘어뜨리고 어깨와 가슴에는 힘을 빼고 팔은 갈비뼈에서 약간 띄우고 손바닥이 몸 쪽으로 향하게 하여 가운데 손가락이 옷의 재봉선에 오도록 붙인다. 고관절에 힘을 빼고 다리 전체를 둥글게 만들며 무릎은 구부리는 듯 마는 듯하고, 발은 어깨 넓이로 벌리고 11자가 되도록 하며, 발가락은 가볍게 땅을 끌어 쥐는 듯하게 한다. 호흡은 자연스럽게 하며 뜻은 단전에 둔다.

요점

머리가 위에 끈이 달려 있는 것처럼 바로 세우는 것을 잊어서는 안 된다. 허리를 펴고 고관절에 힘을 빼 다리 전체를 둥글게 만들고 팔은 갈비뼈를 보호한다. 가슴은 들어가거나 나와서도 안 되며 등은 약간 둥글게 한다. 발가락은 땅을 쥐는 듯하게 하여 용천혈에 공간을 만든다.

설명

① 이 예비식은 무극식이다. 이 기본요령은 태극권의 전체를 꿰뚫고 있으며 행권 중에도 계속 잊지 않고 스스로를 추슬러야 한다.

② 이 무극식은 아직 음양이나 허실이 갈라지지 않은 상태이기 때문에, 자연적인 호흡을 중시하고 뜻[意]은 단전을 지킨다. 비록 고요함을 유지하고는 있지만 이는 마치 활을 가득 당겨놓은 것 같은 고요함으로 상대의

그림 1　　　　그림 2

움직임을 기다리는 것이다.

③ 생각은 집중하되 마치 아무 것도 없는 것처럼 하고, 정신은 하나를 유지하고 있으나 아무런 형상도 없는 느낌을 가지고 단전에 집중한 채 움직임을 기다린다(그림 1).

동작

(1) 쌍수봉천(雙手捧天)

두 팔을 몸의 양쪽에서 먼저 뜻이 움직이고 손, 팔목, 팔 전체가 천천히 위로 들린다는 기분으로 팔을 들어올린다. 이때 팔은 몸과 15~45도의 협각을 유지하며 팔목이 눈 높이까지 오게 한다. 흡기(吸氣)와 의념(意念)은 땅의 영기를 흡수하면서 들어올린다고 생각하면서 노궁혈(勞宮穴)로는 천지의 정화를 흡수한다. 팔을 위로 들리기 시작하면서 팔목을 돌려 손바닥이 하늘로 향하게 하여 하늘의 깨끗한 기운을 받들어 올리고 눈앞에 도달했을 때 팔목을 안으로 돌려 인체 정중선의 앞에서 모으고, 손바닥은 아래

그림 3

그림 4

로 향하고 손가락이 마주본 상태로 하며, 의념으로 천지의 정화가 백회혈로 모여든다고 생각한다(그림 2).

⑵ 기침단전(氣沈丹田)

위의 동작에 연이어 팔이 커다란 공을 안은 자세로 아래로 내려가는데 가볍게 숨을 내쉬면서 의념으로는 백회혈의 진기가 인중을 지나고 작교(鵲橋)를 지나 임맥을 따라서 천돌(天突)[1]·선기(璇璣)[2]·화개(華蓋)[3]·전중(膻中)·중완(中脘)[4]·신궐(神闕)[5]을 지나 단전으로 모인다고 생각하며, 두 손도 같이 하복부에 이르게 한 다음 대맥을 따라가다 비스듬히 고관절 부위로 내려 무극식으로 돌아간다(그림 3, 4).

---

1) 천돌(天突) : 임맥(任脈)의 혈(穴), 흉골상와(胸骨上窩) 가운데 있다.
2) 선기(璇璣) : 임맥(任脈)의 혈(穴), 천돌혈(天突穴)의 아래로 1촌 되는 곳에 있다.
3) 화개(華蓋) : 임맥(任脈)의 혈(穴), 두 번째 갈비뼈와 나란히 있다.
4) 중완(中脘) : 임맥(任脈)의 혈(穴), 배꼽 위로 4촌 되는 곳에 있다.
5) 신궐(神闕) : 임맥(任脈)의 혈(穴), 배꼽을 말한다.

요점

① 이것은 하나의 심호흡 과정이다. 의념이 주천으로 순환하며 호흡을 정확하게 하고 손과 뜻이 서로 이끄는 것이 잘 협조되어야 한다. 천지의 영기를 들이마시게 되면 단전에 진기가 모인다.

② 이 자세는 공태(功態)에 진입하기 위한 준비이다. 전신에 힘을 빼고 마음을 편하게 가지며 동작은 천천히 한다. 호흡은 자연에 따른다는 원칙 아래 스승이나 자기의 숙련 정도에 따라 결정하도록 한다.

설명

『장경(掌經)』에 이르기를 "먼저 마음이 가고 뒤를 이어 몸이 간다"고 하였다. 수도를 한다는 것은 마음을 닦는 것이기 때문에 먼저 마음에 잡념이 없는 것에서부터 시작하여 유위(有爲)적인 존상내관(存像內觀)의 법을 연마해 나간다. 이렇게 대주천을 행할 때에는 먼저 발가락으로 땅을 움켜쥐듯이 하여 용천혈 부분에 공간을 만들고 지기(地氣)를 흡수하라고 하는데, 이는 실질상 하나는 발의 중심을 정확하게 만들라는 의미이고, 다른 하나는 경맥을 활동시켜 음교맥을 따라 위로 올라갈 때 항문을 끌어올려 삼관을 통과하고 백회에까지 도달하게 하는 것이다. 이때 두 손의 노궁혈과 천문의 구궁을 열어 하늘의 정화를 모아 백회혈로 흡수하고 다시 임맥을 따라 하단전으로 끌어들인다. 이렇게 하면 진기가 보존되고 축기가 되는데, 나쁜 기운들은 이완된 몸을 통해 체외로 발산되게 된다.

이 과정 중에서 의념은 강할 수도 약할 수도 있는데 단지 지나치게 집착해서는 안 된다. 동작은 늦을수록 좋으며 의념과 동작 그리고 호흡이 서로 잘 맞아야 한다. 따라서 예비식의 기세는 전체적인 행권의 효과에 절대적인 영향을 미치게 되므로 반드시 제대로 단련해야 한다.

1) 태극기세(太極起勢)

동작

(1) 쌍붕탱장(雙掤撑掌)

두 팔을 안으로 돌려 위로 들어올리고 손바닥은 서로 마주 보는 것에서 아래를 보도록 변화시키는데 팔을 위로 드는 것과 동시에 고관절과 무릎은 아래로 내려가게 하고 기를 단전에 모으며 천천히 무릎을 115도(무릎이 구부러지는 각도는 고, 중, 저의 가식에 따라 정한다. 통상적으로 중가를 예로 들기 때문에 이후에는 모두 중가로 설명한다) 정도 구부린다. 들어올린 손이 어깨와 같은 높이를 이루게 되면, 의념을 손가락 끝에서 손목쪽으로 천천히 이동시킨다(그림 5).

(2) 허보하절(虛步下切)

몸의 중심을 왼발에 두고 오른발을 바깥쪽으로 돌려 허보가 되게 하여 발끝이 땅에 닿게 한다. 동시에 왼손은 몸을 따라서 바깥쪽으로 돌리며 손

그림 5

그림 6

바닥이 밖을 향하게 하는데 팔은 굽히고 팔꿈치가 머리 위에 오게 하고, 오른손은 안으로 돌려 우하방으로 내려 자르듯이 하는데, 무릎 아래 족삼리혈 근처에서 멈춘다(그림 6).

요점

① 『권경(拳經)』에서의 "한번 움직이기 시작하면 움직이지 않는 것이 없다"고 한 원칙을 따라 온몸이 이완된 전제 아래 뜻을 사용하고 힘을 사용하지 않는 모양으로 천천히 부드럽게 움직이기 시작한다. 가벼움과 침착함을 같이 갖추고 허실의 변환을 잘 살피며 아래위를 주의하고 한번 움직이면 음양을 잘 드러내도록 한다.

② 행권 중에는 전신의 여러 관절이 모두 뻣뻣하지 않게 잘 움직이도록 하며, 힘을 빼되 느슨하지 않고 강하게 하되 굳어 있지 않으며 뜻으로 규율이 있는 움직임을 만들어내야 한다. 몸은 구부리는 듯 마는 듯하고 동작이 어떤 부위에 이르면 뜻과 기가 반드시 그 부위에 이르게 해야 한다.

③ 일반적으로 호흡은 자연을 따른다는 원칙 아래 들어올릴 때 들이마시고, 가라앉을 때 내쉬는데, 입이나 코로 드러남이 적어야 한다. 행권 중에는 고르고 가늘게 숨을 쉬는데 또 동작이 늦기 때문에 깊고 길게 숨을 쉬게 된다. 따라서 일반적으로 처음 태극권을 배우는 사람은 호흡방식에 지나치게 주의를 할 필요가 없고, 단지 시시각각으로 기가 단전에 잘 모여 있는지 고관절이 잘 움직이는지를 관찰해야 한다.

용법

태극권은 사람을 따라서 움직이고 적을 따라 변하는 것이기 때문에 하나의 초식에서도 상대방이 힘을 쓰거나 공격하는 방식에 따라 여러 가지 공방방식을 채용할 수 있다. 따라서 용법을 소개할 때에는 하나를 돌출시켜 집중적으로 언급하고 나머지는 약간 설명을 하거나 혹은 생략한다.

태극권 기세는 용법상 적의 힘에 맞대응하는 것보다는 힘을 흩어버리는 데에 있는데, 나중에 발출하여 먼저 도착하는 사상으로 흩어냄 속에 타격을 가함이 숨어 있고 때리는 동작 속에 흩어냄을 감추고 있다. 쌍붕탱장식은 주로 상대가 '쌍봉관이(雙鳳貫耳)' 혹은 '쌍안퇴장(雙按推掌)' 등을 사용하여 나의 머리를 공격할 때 대응하는 방법이다. 상대가 주먹으로 나의 머리를 공격하려 할 때 나는 자세를 낮추어 상대의 주먹이 빗나가게 한 다음 동시에 비어 있는 상대의 가슴을 향하여 장을 미는 것이다. 만약 상대의 쌍안장이 들어오면 나는 붕장으로 그 힘을 받아 상대방에 달라붙어 힘을 흩어내고 상대방의 변초(變招)에 따라 반격을 가하는 것이다(실제로는 많은 경우가 보법의 허실변화나 수법의 일방일공에 의해서 금방 승부가 나버린다). '허보하절'에는 몇 가지의 변화방식이 숨어 있는데, 적에 따라 다르게 사용하며, 적에게 타격을 가할 때에는 이미 허보하절의 정해진 모양이 아닐 것이다.

2) 전신붕장(轉身掤掌)

동작

(1) 포구독립(抱球獨立)

중심을 오른쪽으로 옮기고 오른손은 족삼리(足三里) 바깥쪽에서 위로 호형(弧形)을 그리면서 머리 앞까지 들어올린다. (머리와 평행하게) 왼쪽 손바닥은 밖에서 안으로, 다시 아래로 몸의 움직임에 따라 호형을 그리며 사타구니까지 이르게 한다. 왼발은 손을 따라 호형으로 선전(旋轉)하며 들어올리고 신체는 중심을 잘 유지하며 허리는 곧게 펴고 두 손바닥을 마주 보게 하고 오른쪽 무릎은 약간 구부린다(그림 7).

그림 7　　　　그림 8

⑵ 전신가장(轉身架掌)

허리로부터 움직임을 시작하여 왼쪽다리를 뒤로 빼고(동북쪽), 왼발은 앞쪽을 향하여 발끝부터 시작하여 땅에 닿게 하여 좌전진보(左前進步)를 이룬다. 왼손은 몸의 움직임을 따라 아래에서 위로 호형을 그리며 위로 들어올려 손바닥이 안으로 향하게 하고, 오른손은 눈 아래에서 가슴 앞을 거쳐 왼쪽 겨드랑이 아래로 손바닥을 세워서 밀어낸다(그림 8).

요점

① 삼봉태극권의 특징을 소개할 때 말했던 것처럼 이 동작의 보법은 아주 영활하여 단지 움직임을 시작하고 얼마 지나지 않아 금방 발을 내딛거나 하는 다리의 영활도를 알아볼 수 있다. 동시에 발과 몸, 손동작이 모두 하나가 되어야 한다.

② 동작은 계속 이어서 하고 멈춤이 있거나 힘이 끊어져서는 안 된다. 수련할 때 조금이라도 내경이 느껴지면 혼자서 수련을 할 때를 제외하고는 절대로 힘을 발출해서는 안 된다.

③ 이 자세는 공방적인 요소가 아주 강한데, 비록 수련할 때에는 공방의 작용에 지나치게 신경을 쓰지는 않지만 용법에 대해서는 알고 있어야 한다. 이렇게 몸을 돌려 위로 들고 아래로 치는 동작은 눈에 띄게 강한데 동작이 변하여 좌람작미식(左攬雀尾式)이 될 수도 있다.

3) 남작미식(攬雀尾式)

동작

(1) 회신추장(回身抽掌)

허리로부터 힘을 발출하여 오른손을 움직이는데 손바닥이 세워진 상태에서 앙장(仰掌)으로 바꾸며 오른쪽을 향해 돌리면서 뽑아낸다. 왼손은 외선(外旋)하여 압장(押掌)과 외절장(外切掌)의 형태가 되게 한다. 왼발은 안으로 걷어들여(발뒤꿈치를 축으로 발끝을 안쪽으로 30도 돌린다) 몸은 우고궁진보(右靠弓進步)를 이룬다(그림 9).

(2) 허보영전(虛步擰轉)

중심을 왼발로 옮기고 오른쪽 팔꿈치를 아래로 늘어뜨리며 오른손을 팔과 함께 비틀이 비깥으로 뒤집고 오른발을 허하게 하여 뒤꿈치를 축으로 밖으로 45도 돌린다. 왼손은 고관절 아래에서 손을 뒤집어 좌전방에서 우전방으로 호형을 그리며 움직이는데, 얼굴 앞에 도착하면 오른발을 실(實)로 만들어 중심을 담당하게 하고 왼발은 가볍게 들어 밖에서부터 낮게 땅을 끌 듯이 원호를 그려 정남방을 향하게 하는데, 오른발과는 한 발자국 정도의 거리이며 이때 다리는 땅에 닿지 않는다. 좌우의 손바닥은 마주보게 하여 영합경(擰合勁)을 이룬다(그림 10, 11).

그림 9 그림 10

그림 11 그림 12

(3) 상보고붕(上步靠掤)

왼발은 땅을 밟고 오른발은 급히 왼발 옆을 스치며 비스듬하게 전방(동남쪽)으로 내딛는다. 이때 몸과 어깨와 무릎이 동시에 도착해야 한다. 오른손은 가슴 앞에서 호형을 그리면서 사타구니 앞에 두고, 왼손은 영경(擰

그림 13 그림 14 그림 15

勁)을 따라 팔꿈치를 내려뜨리며 머리를 돌려 손바닥이 얼굴을 향하게 한다(그림 12).

(4) 요주붕(撓肘掤)

오른손은 사타구니 앞에서 밖을 향하게 하여 아래에서 위로 다시 어깨에서 팔꿈치 손가락의 순서로 힘을 이끌며 원호를 그려 우측 전방으로 들어올린다. 왼손은 뒤에서 손바닥이 오른손과 마주보게 한다(그림 13, 14).

(5) 마허리(馬虛捋)

오른손은 오른쪽 앞으로 들어 어깨 높이와 같게 하고, 무릎과 팔꿈치가 함께 움직여 손끝과 발끝이 서로 마주보게 되면 멈춘다. 오른쪽 손바닥은 돌려서 위로 향하게 하고 왼쪽 손바닥은 아래로 가게 한다. 계속하여 오른손을 바깥에서 안으로 뒤집기 시작하며 왼손은 안에서 밖으로 뒤집는다. 중심을 왼발로 옮기고 왼손을 앞으로 하고 오른손은 뒤로 하여 왼손을 따라 왼쪽으로 움직여 나가 오른발이 허보(虛步)가 되게 하며 오른쪽 손바닥

그림 16　　그림 17　　그림 18

을 아래로 하고 왼쪽 손바닥은 위로 향하게 한다(그림 15).

⑹ 상보제(上步擠)

왼손을 왼발 뒤쪽에서 거두어들여 오른쪽 팔꿈치로 움직이며 손바닥을 위로 향하게 내민다. 동시에 중심은 오른발로 옮기고, 왼발 뒤꿈치와 왼손을 함께 들어 먼저 발을 땅에 놓아 중심을 담당하게 하고, 오른손은 왼손에서 왼쪽 팔꿈치까지 뽑아 되돌리며, 다시 아래로 왼쪽 팔꿈치 위를 미끄러져 왼손까지 가고 손바닥은 밖을 향하게 한다(그림 16).

⑺ 낙보안(落步按)

좌우의 두 손이 오른쪽 무릎에서 교차될 때 두 손은 팔을 따라 뒤집고 오른쪽 무릎을 지나서 허리 쪽으로 거두어들인 후 겨드랑이 아래로 밀어 나간다. 동시에 손이 무릎을 지날 때 오른쪽다리를 들어 뻗은 후 땅을 밟고 팔꿈치가 발 근처에 올 때 손도 도착하게 하여 마보쌍안장식(馬步雙按掌式)을 이룬다(그림 17, 18).

요점

① 이 식은 동작이 많아서 비교적 복잡하지만 다른 권형과 다른 독특함이 있다. 실제 운용에 있어서는 손·발·몸·뜻·기·힘의 도달함에 주의해야 한다.

② 이 식은 경력이 확실히 드러나는데, 고(靠)·붕(掤) 그리고 낙보쌍안(落步雙按)은 전형적인 역점(力點은 실제 용법상의 발력처이다)이므로 조심스럽게 몸으로 느껴야 한다.

③ 이 식은 연속적으로 이어지는 동작이 중요한데, 잘하면 아주 뛰어난 위력이 있다. 그러나 산(散)·란(亂) 등에 주의해야 한다.

④ 이 식의 보법은 변화가 많고 빠른데 보폭의 대소는 스스로의 상황에 따라 결정해야 하며, 허와 실을 분명히 갈라서 펼쳐야 한다. 실퇴(實腿)는 중력을 받아 무겁게 가라앉아야 하는데, 엉덩이를 안으로 거두어들여 허리와 고관절의 영활성을 지켜나가야 한다.

용법

앞의 식인 전신붕장(轉身掤掌)의 뒤에 몸을 돌릴 때 만약 뒤의 손이 상대방에게 잡혔을 때 왼손이 오른손 위로 자르듯이 나가며 상대방의 허리나 살비뼈를 타격한다. 상대방의 오른쪽 주먹이 들어오면 나는 오른팔로 달라붙어 어깨에 힘을 빼고 팔꿈치를 가라앉혀 손바닥을 뒤집어 상대방의 손을 잡고 동시에 고관절을 구부려 앉으면서 좌보우수(左步右手)로 바꾼다. 왼손은 허초로 실하게 할 수 있으면 타격을 하고 그렇지 않으면 끌어들여 얼굴이나 머리를 방어한다. 왼손은 바깥쪽에서 상대방의 고관절을 내리치는데, 만약 상대방이 싸움을 걸어오면 오른발을 앞으로 내딛어 상대방의 사타구니 사이로 밀어넣고 왼손으로는 얼굴과 머리를 가린다.

4) 순랍단편(順拉單鞭)

동작

⑴ 좌우평대(左右平帶)

왼손은 위로 하여 약간 뒤집고 왼쪽으로 몸을 따라 움직이며, 오른손은 왼손에서 1척 정도의 거리를 두고 손바닥을 위로 한 채 몸을 따라 왼쪽으로 움직인다. 중심은 왼발에 두는데 뒤꿈치를 축으로 팔을 따라 밖으로 선전(旋轉)하며 오른발 뒤꿈치는 움직이지 않는다(그림 19).

동남쪽으로 몸을 돌려 왼쪽 발끝이 동남쪽을 향하게 되면 오른손은 앙장(仰掌)에서 바깥쪽 아래로 향하는 조장(抓掌)을 이루도록 선전(旋轉)하고, 왼손은 탁장(托掌)으로 바꾸어 오른쪽으로 오른발을 중심으로 하여 비틀어 나간다. 보법은 앞과 반대로, 오른발 뒤꿈치를 축으로 하여 오른쪽으로 몸과 팔을 45도 돌리며 왼발은 같은 방식으로 45도 끌어들인다(그림 20).

⑵ 평요상가(平撩上架)

왼발을 끌어들이고 몸을 일으키며 왼손은 오른쪽 팔꿈치를 보호하고 오른손은 전방으로 비스듬하게 내민다. 그 다음에 오른손을 뒤집어 손바닥이 아래로 가게 하여 왼쪽 앞으로 원을 그리며 들어올리고, 왼손은 오른쪽 팔꿈치를 보호하면서 몸 앞에서 십자가를 만든다. 중심은 오른발로 담당하며, 왼발은 몸이 일어남에 따라 뻗어내고 왼손은 호형을 그린 후 왼쪽 발바닥을 두드린다(그림 21, 22).

⑶ 순랍단편(順拉單鞭)

중심은 계속 오른쪽다리에 둔다. 오른손은 장에서 구수(勾手)로 변환시키고 기를 아래로 끌어내리며 왼발과 왼손은 허리의 움직임을 따라 좌전

그림 19 그림 20

그림 21 그림 22

방으로 밀어내어 좌궁전보(左弓箭步)를 이룬다(그림 23, 24).

요점

① 좌우 평대(平帶)를 연마할 때 암경(暗勁)을 중시해야 한다.

② 상대방과 서로 장(掌)으로 마주섰을 때에는 뜻을 손과 팔꿈치에 두고 수시로 상대방을 제압할 수 있도록 해야 한다. 나가고 들어오는 변화는 상

그림 23　　　　　　그림 24

대방의 힘에 따라 변화하며, 이런 과정 중에서 몸과 허리와 다리는 항상 일치된 변화를 보여야 비로소 상대방을 제압할 수 있다.

③ 그림 20과 21의 집어넣고 들어올리는 변화는 상대방의 약점이나 빈틈을 노려 타격을 가하는데, 위로는 십자수로 아래로는 다리를 뻗는 것이나 발을 내딛으며 장을 밀어내는 것 등은 상당한 실용가치가 있다.

용법

단편의 용도는 변화가 많은 것에 있다. 하나하나의 동작은 타격용법의 모체가 되는데 이 모체는 직접 적을 타격할 수 있는 것 외에도 여러 가지 초식으로 변화시켜서 사용할 수도 있다.

① 동작의 좌우 평대는 만약 상대방이 나의 중상부(中上部)를 향하여 주먹을 뻗어온다면 한 손으로는 상대방의 주먹에 달라붙고 다른 손으로는 팔꿈치를 받들어 청경(聽勁)을 통해 상대의 힘의 방향을 알아내고 맥을 쥐거나 뼈를 꺾는다든지 팔의 고를 통해 상대를 방출시키는 것이다.

② 만약 상대방의 힘이 세다면 나의 힘에 대하여 반항하게 되므로 나는

오히려 그 힘을 이용하여 상대의 옆구리를 공격한다.

③ 만약 상대방의 옆구리에 대한 공격이 실패하면 위로 방향을 바꾸어 인후를 공격하는데 팔꿈치로 치는 것과 동시에 무릎으로 상대방의 사타구니를 공격한다. 이때에는 허리의 움직임과 함께 팔꿈치와 무릎이 동시에 적을 향하여 타격을 가해야 하는데 마치 튀어나가듯이 한다.

5) 제수상식(提手上式)

동작

⑴ 회신화주(回身化走)

중심을 오른쪽으로 옮기고 왼쪽 발끝을 안으로 돌려 중력이 오른발에 작용하도록 하고 왼손과 왼발은 동시에 움직이는데, 왼쪽 손바닥은 아래로 하여 가슴을 향하여 원호를 그려 얼굴을 방어하고 왼발은 오른발 옆을 스치듯 지나게 하며 앞으로 비스듬히 내뻗는다(그림 25).

⑵ 상보삽제(上步揷提)

몸의 중심을 왼발로 옮기고 오른발과 오른손은 같이 움직이는데, 오른손은 위에서 아래로 오른발과 함께 몸 옆으로 비스듬히 전방으로 내보낸다. 이에 맞추어 무릎을 구부리며 비스듬히 앞으로 나가 있는 오른손은 무릎 앞을 거쳐 삽장(揷掌)의 자세로 오른발 끝을 향하게 하고, 이와 함께 허리는 고관절, 다리와 같이 움직이고 오른손은 구수로 바꾸어 오른발과 함께 차올린다. 높이는 어깨까지로 하여 제수식을 이룬다(그림 26, 27).

⑶ 낙보안봉(落步按封)

중심은 왼쪽에 두고 허리와 오른쪽 고관절, 다리, 팔, 손을 함께 아래로 내려 마보(馬步)를 만들고 왼손은 허리 근처로 끌어들이며 오른손은 내리

그림 25 그림 26

그림 27 그림 28

는 힘을 이용하여 손바닥을 안으로 하여 사타구니 앞에 물건을 자르듯이 세운다(그림 28).

요점

① 『권경』에서 말하기를 "달라붙는 것이 가는 것이고, 가는 것이 달라

붙는 것이다"라고 하였다. 단편 이후의 왼손은 적의 변화에 따라 달라붙어 흩뜨리는 작용을 하면서 얼굴을 보호하고 몸을 비틀며 변화를 따라 아래 위로 공격하니 묘한 법이 그 중에 있다.

② 제수의 식은 오른손의 구수와 오른발 끝이 하나의 선으로 연결되어 있는 듯하다는 뜻이고, 호흡조차 이와 연결시켜서 발이 땅을 디딜 때 숨을 내쉰다.

용법

왼손은 대적할 때 공세를 취하는 손인데, 먼저 힘을 흩트리거나 혹은 힘을 흩트린 후 잡아 쥐는 등의 공격을 하며, 그 뒤를 이어 얼굴을 보호하며 몸을 밀어 넣는다. 동시에 자세를 낮추어 적의 하부를 공격하는데, 만약 맞지 않으면 다리로 차면서 낙보안봉(落步按封)의 자세를 취한다. 이 자세의 주안점은 흉맹하게 들어오는 적의 공격에 대해 기를 가라앉히며 누르는 듯 자르는 것이다.

6) 백학양시(白鶴亮翅)

동작

(1) 상보찰장(上步擦掌)

오른손과 오른발이 동시에 오른쪽에서 왼쪽으로 향하며 다시 몸 앞으로 호형을 그리며 나간다. 오른발 뒤꿈치가 먼저 땅에 닿고, 손바닥은 동작을 좇아 뒤집는다. 왼손은 가슴 앞에서 오른쪽 팔꿈치를 거치며 손바닥을 아래로 하여 눌러나간다. 왼발을 동시에 앞으로 내며 발끝으로 땅을 딛고 우실좌허보를 만든다(그림 29).

(2) 분장두시(分掌抖翅)

중심을 뒤로 가라앉히고 기를 단전에 넣으며 두 손은 호흡을 따라 줄을 잡아당기듯 벌려 나간다. 오른손은 오른쪽 위로 들어 머리 높이로 우측 머리까지 이르게 하고, 왼손은 아래로 내려 왼쪽 무릎 부근에 다다르게 한다(그림 30).

요점

① 상보찰장식은 먼저 오른손을 달라붙여서 미끄러뜨리고 왼손은 미는 세를 유지하다가 실을 당기는 듯한 느낌으로 손을 미끄러뜨린다.

② 분장두시는 먼저 머리와 손이 위로 솟는 세를 유지하며, 허리에서부터 움직임을 시작하여 날개를 흔드는 듯한 느낌을 가지고 동작을 하는데, 잡아당길 때에는 몸과 사지가 길게 늘어나는 느낌을 가져야 한다.

용법

① 위의 식에서 절장(切掌)을 한 후에 바로 상대의 손에 갖다붙여 상대방이 손을 회수하는 틈을 타 쫓아가며 상대의 팔을 휘감거나 혹은 잡아챈

그림 29

그림 30

다. 또는 앞으로 전진하여 상대방의 하부를 공격하며 바로 왼손과 몸으로 떨쳐낸다.

② 만약 상대방이 왼손으로 공격해 오면, 나는 왼손을 위로 들어 가른 후 기회를 보아 다시 내지른다.

③ 만약 상대방이 나의 오른손을 잡아채면, 나는 왼손으로 미끄러뜨리는 방법으로 힘을 흩트린다.

7) 누슬요보(摟膝撩步)

동작

(1) 허보하절(虛步下切)

오른손은 머리 앞에서 얼굴을 쓸듯 아래로 내리고, 왼손은 밖을 향하게 하여 호형을 그리면서 위로 들어올려 머리 옆에 오게 한다. 이와 동시에 몸은 아래로 가라앉히고 중심은 오른쪽다리에서 왼발로 옮겨간다(그림 31).

설명

이것은 하나의 지나가는 동작이긴 하지만 실용가치는 대단히 높다. 백학양시(白鶴亮翅)의 자세를 취하고 있을 때 상대방이 나의 가슴에 있는 허를 틈타 공격해 오면 나는 급히 얼굴을 쓸며 손을 내려 막는데(속칭 '고양이 세수하기'), 이것은 상대방의 공격이 내 얼굴 앞에 다다르면 손으로 가볍게 쓸어내려 달라붙게 만든 다음 기회를 보아 초식을 발출하는 것이다.

(2) 기신유구(起身揉球)

허리를 천천히 펴며 일어나 중심을 오른발로 옮긴다. 동시에 손은 호형을 그리며 움직이고 왼발은 허로 땅을 밟는다. 왼손은 가슴 앞에서 공을 끌어안은 듯이 하고, 오른손은 위쪽에서 공을 끌어안은 듯이 한다(그림 32).

그림 31 그림 32 그림 33

(3) 누슬요보(摟膝撩步)

중심을 오른쪽에 두고 왼발을 들어 좌전방으로 호형을 그리면서 내딛고, 동시에 왼손은 뒤집어 오른쪽 무릎 근처를 쓸듯이 지나 왼쪽 무릎 앞에 둔다. 왼발은 우선 뒤꿈치가 먼저 땅을 밟고 중심의 이동에 따라 왼발 전체에 중심이 옮겨지도록 하여 좌궁보(左弓步)를 이룬다. 오른손은 몸의 중심을 따라 앞으로 이동하고 허리는 왼쪽으로 돌리고 손가락은 앞에서 오른쪽 어깨를 지나게 하여 호형으로 내민다(그림 33).

요점

① 두 손으로 호형을 그리며 쓸어내리는 동작에서는 반드시 허리의 움직임을 바탕으로 고관절과 몸을 함께 움직여야 하며, 중심은 분명하고 안정되어야 한다.

② 동작의 과정 중에 두 눈은 중지 안쪽의 끝마디를 보거나 1~2미터 정도 먼 곳을 바라본다.

③ 지나가는 동작들이라도 항상 부드럽고 끊어짐이 없도록 해야 하며,

정신과 뜻이 항상 가득해야 한다.

④ 누슬의 손과 팔 모양은 호형을 이루게 하고 쭉 뻗어서는 안 되며, 오른손을 밀어낼 때 먼저 손가락 끝이 앞을 향하게 하여 끌듯이 호형을 그리며 나간다. 자세가 정확하게 만들어졌을 때 즉 좌궁보의 발끝과 마주 대하게 되었을 때 손목을 구부리며 정신이 도달하여 힘이 토해지는 느낌으로 밀어낸다.

⑤ 이 동작은 천천히 하여 신과 뜻을 단련하지만 실제 운용에 있어서는 빨라야 한다.

8) 수휘비파(手揮琵琶)

동작

중심을 점점 왼발로 옮겨가면서 오른손은 손목을 구부린 채 몸을 따라 앞으로 나가게 하고 아래로 밀어 아랫배와 사타구니를 막는다. 오른발은 앞으로 나가 왼발 옆에서 내딛고 중심을 담당한다. 왼손은 아래에서 뒤로, 위로, 다시 앞으로 즉 밖으로 크게 한 바퀴 돌려 앞으로 오게 하는데 왼발과 동시에 도착하게 한다. 왼발을 들어 앞으로 작게 한 발 허보로 내딛고 좌허우실보(左虛右實步)를 이룬다. 두 손바닥은 마주보게 하고 눈은 왼손 중지 안쪽의 끝마디를 바라본다(그림 34, 연결동작 그림 35, 36).

요점

① 누슬요보에서 수휘비파로 변할 때에는 자연스럽게 몸을 따라 위로 움직이며, 손을 위로 들면 반드시 몸이 앞으로 달려나갈 것 같은 기세를 나타내야 한다.

② 왼손의 원호는 몸 - 어깨 - 팔 - 팔꿈치 - 손의 순서로 일관되게 움직이며, 왼팔은 쭉 뻗어서는 안 되고 손만 뻗어야 한다.

그림 34　　그림 35　　그림 36

③ 두 손바닥이 서로 마주보는 합경(合勁)은 암경의 훈련인데 서로간의 거리는 팔목에서 팔꿈치까지 정도이다.

용법

만약 오른손이 상대방에게 잡혔거나 혹은 상대방과 달라붙었을 경우 뿌리치는 듯하면서 왼쪽으로 들어가 두 손을 합하여 기회를 보아 공격을 발동시킨다.

9) 백학양시(白鶴亮翅)

이는 중복되는 것으로 제6식과 같다(그림 35, 36은 그림 29, 30과 같다).

10) 누슬요보(摟膝撩步)

동작

① 좌누슬요보는 제7식과 같다(그림 37).

② 우누슬요보는 좌누슬요보와 동작이 같고 방향만 다르다(그림 38).

그림 37　　그림 38　　그림 39

③ 좌누슬요보는 제7식과 같다(그림 39)

요점

① 이 식은 좌우 세 개의 누슬요보를 포함하고 있다. 중간에 동작이 지나갈 때 중심을 바꾸는 것과 다리가 호(弧)를 그리는 것, 앞으로 나가는 선의 변화는 첫 번째 누슬요보와 같이 한다.

② 동작의 용법과 자세에 대한 요구는 기본적으로 같다. 동작이 바뀔 때의 중심이동이나 다리가 호를 그리는 것, 앞으로 나가는 선의 변화는 약간 다르다.

③ 원리는 같으나 방향이 서로 반대이다. 신법의 영활성과 평온함에 주의한다.

④ 실용상 중심 축을 흔들림이 없이 유지하고 빠르고 가볍게 한다.

⑤ 천천히 단련하는 것은 기를 기르고 단을 연성하는 데에 이로우며, 허리와 다리의 질병에 좋은 효과가 있다.

그림 40 그림 41

11) 수휘비파(手揮琵琶)

제8식과 같다(그림 40).

12) 전신순장(轉身順掌)

동작

왼발을 들어 왼쪽 옆으로 1척 정도 벌리고 동시에 왼팔은 붕(掤)의 자세로 호형을 그리며 옆으로 가로막는다. 중심은 오른쪽다리에서 점점 왼쪽다리로 옮기며 오른손은 몸을 따라 왼손의 아래쪽에서 손목을 구부리며 밀고 좌궁보를 이룬다(그림 41).

요점

① 이것은 하나의 동작이다. 중요한 것은 수휘비파 후의 움직임으로, 그 힘을 이용하여 옆으로 경(勁)을 발하며 위로는 붕의 자세를, 아래로는 가격하는 자세를 취하는 것이다. 그러나 중심과 허리의 움직임이 가장 중요하다.

② 손과 발의 내경은 함께 도착해야 한다. 호흡이 지나치게 드러나서는 안 되며 기를 가라앉히고 배를 부풀려 혼원일기의 모양이 되어야 하며, 마치 공을 안고 밀려고 하지만 밀리지 않는 느낌으로 한다.

13) 반란추식(搬攔捶式)

동작

① 허리를 오른쪽으로 틀면서 의념이 오른쪽 견정혈에 도달하게 하고 오른손과 왼손이 교차하여 원을 그린 후 우측을 향해 붕의 자세를 취한다. 중심은 오른쪽다리로 옮기고 왼손은 사타구니 앞을 막으며 쓸어내리듯 하여 왼쪽 고관절 근처에 두어 우궁보(右弓步)를 이룬다(그림 42).

② 몸을 왼쪽으로 돌리며 중심은 허리의 움직임을 따라 조금씩 왼발로 옮긴다. 오른발을 들어 왼발 옆을 스치듯 하며, 호를 그리고 앞으로 뻗어 본래의 자리에서 두 발자국 정도 앞에다 놓는다. 오른손은 원호를 그리면서 왼손과 교차하여 가슴 앞에 두고 오른발 뒤꿈치를 먼저 땅에 딛는다(그

그림 42

그림 43

림 43). 중심을 조금씩 오른쪽다리로 옮겨가고 왼발은 몸을 오른쪽으로 돌리면서 앞으로 나간다(그림 44).

③ 오른손은 머리를 지나 오른쪽 안으로 비틀고 오른쪽 허리 사이로 내민다. 이와 동시에 왼손은 왼쪽을 보호하며 손바닥을 360도 회전시킨 후 왼쪽 몸 앞의 오른쪽 주먹과 함께 밀어낸다. 왼손은 오른쪽 주먹 위에 둔다(그림 45).

요점

① 이 세는 들어가면서 앞으로 나가는 가운데 막으면서 타격하는 것으로, 중심의 변화가 중요하며 마치 고양이가 걷듯 가볍고 영활해야 한다. 움직임의 속도가 같고 호흡이 편하게 이루어지는 가운데 아래와 위가 합하고 손발이 함께 움직이며 몸은 바르게 걸음은 중심을 유지해야 한다.

② 보법과 수법은 허리의 움직임을 따라가야 하는데, 반란을 할 때 팔꿈치를 들어서는 안 된다. 오른손을 뻗을 때에는 나선형을 이루고 동작이 끝날 때에는 평권(平拳)이 되게 한다. 호구(弧口) 부위는 몸의 안쪽을 향하게

그림 44　　그림 45

하고 주먹은 자연스럽게 쥐어 뜻〔意〕이 이르도록 하는데, 억지로 힘을 주어서는 안 된다.

용법

상대방이 오른쪽으로 나를 공격해 오면 오른손을 왼쪽 아래에서 위로 들어올리고 상대방의 힘을 이용하여 손목을 비틀며 권(拳)으로 변화시켜 가격한다. 혹은 왼쪽에서 오른쪽으로 허리와 몸을 돌리면서 그 기세로 팔을 돌리며 손목을 뒤집어 타격한다. 상대방의 왼손이 뒤를 이어 날아오면 왼손을 들어 이를 막고 오른쪽 주먹으로 상대방의 손목을 비틀며 때린다. 동시에 발을 앞으로 내며 잡아당기고 막으면서 때린다.

이 동작은 발을 앞으로 내딛으며 몸을 뒤로 들이면서 완성되는데, 상당히 위력적인 태극오추(太極五捶) 중 하나이다.

14) 여봉사폐(如封似閉)

동작

(1) 개합찰수(開合擦手)

오른쪽 주먹을 앞으로 내는 느낌으로 내보내다가 다시 거두어들이고 평권(平拳)이 밖에서 안으로 회선하게 하며 조금씩 장(掌)으로 바꾼다. 동시에 왼쪽 손바닥이 권(拳)의 위로 나가는 듯하게 하면서 먼저 권의 위쪽과 손목 부분에서 되돌리며 꼰다. 뒤를 이어 평장(平掌)으로 밀어내며 중심은 약간 뒤에 두고 손과 손이 서로 미끄러지듯 하여 공을 끌어안는 듯한 모양을 한다. 양쪽 손바닥은 서로 마주보게 한다(그림 46).

(2) 쌍유봉폐(雙揉封閉)

허리를 움직이면서 공을 끌어안고 있는 모양에서 두 손을 천천히 모으

그림 46 그림 47

며 중심을 앞으로 옮기면서 앞을 향해 누르는 듯하면서 민다. 양쪽 손바닥은 서로 마주보며 세운다. 손바닥 사이의 거리를 조금씩 좁혀가고 앞의 왼손은 왼쪽 무릎을 넘지 않도록 한다(그림 47).

요점

① 이 식은 전형적으로 암경(暗勁)을 수련하는 것으로 손이 벌어지고 오므라드는 동작에서는 신(神)과 의(意) 그리고 기(氣)가 일치해야 한다.

② 신체의 세밀한 변화에 따라 중심의 이동에 주의해야 한다. 몸을 바르게 하고 어깨의 긴장을 풀며 팔꿈치를 늘어뜨리는 등의 일반적인 요구를 잘 지켜야 한다.

③ 이 식은 열려고 하면 먼저 합하고 합하려면 먼저 여는 훈련이다. 손을 벌리고 오므리는 동작과 암경 등에 주의한다.

④ 오른쪽 주먹을 회수하여 주먹을 비틀며 손바닥을 펴는 것으로 변하는 자세는 진지하게 몸으로 느껴야 한다.

용법

만약 오른손이 상대방에게 잡히면 왼손으로 비비는 듯하며 빼내고, 아울러 가슴 앞을 봉쇄하여 막는다. 동시에 누르는 듯하며 경을 발출한다.

15) 십자피홍(十字披紅)

동작

(1) 측가십자(側架十字)

허리와 몸을 왼쪽으로 돌리고 중심을 조금씩 왼발로 옮기며 오른손이 몸을 따라 돌아갈 때 오른손을 앞으로 밀어낸다. 아울러 왼손은 위로 들어 붕의 자세를 취하며 몸의 옆에서 십자가를 만든다(그림 48).

(2) 십자분피(十字分披)

허리와 몸을 오른쪽으로 돌려서 마보의 상태로 손을 십자가로 만들어서 얼굴 앞에 두고 두 손을 나누어서 앞으로 호선을 그리면서 내려 무릎 앞

그림 48　　그림 49　　그림 50

까지 이르게 하고 손바닥은 밖을 향하게 한다(그림 49, 50).

16) 좌고우반(左顧右盼)

동작

(1) 회가십자(回架十字)

이어서 두 손을 안으로 합하여 교차시키고 밑에서 위로 들어올려 십자가의 자세를 만드는데, 왼손이 안으로 오른손이 밖으로 되며 높이는 입과 나란히 한다(그림 51).

(2) 우반식(右盼式)

왼손이 안에서 아래로 오른손과 서로 잡아당기는 모양으로 하고 오른손은 왼손을 돌아서 간다. 이때에 중심은 왼발에 있고 오른발은 뒤로 호형을 그리며 반 보 물러선다. 이어서 오른손은 가슴 앞에서 끌어안는 모양을 하고, 왼손은 안에서 아래로 내려가 오른쪽 무릎 앞에 둔다. 발뒤꿈치를 축

그림 51

그림 52

으로 하여 왼발은 안으로 모으고, 두 발끝의 방향이 같게 하며 팔목을 구부려 기를 밖으로 토하는 듯이 한다(그림 52).

(3) 좌고식(左顧式)

위의 식에 이어 잠깐 멈춘 후 오른발 끝을 안으로 모으고 몸을 왼쪽으로 돌려 중심을 오른쪽에 둔다. 왼손은 손목을 구부린 상태에서 끌어들여 사타구니를 지나 왼쪽 무릎 앞으로 오게 한다. 동시에 왼발은 뒤로 호형을 그리며 반 보 물러나고, 오른손은 손바닥을 뒤집어 호를 그리면서 아래에서 위로 얼굴 앞을 지나가면서 장을 밀어낸다. 중심을 조금씩 왼발로 옮겨 좌궁보를 이룬다(그림 53).

그림 53

요점

① 이 동작은 먼저 오른쪽을 바라보고 다시 왼쪽을 보는 것이다.

② 호형을 그리며 뒤로 물러날 때 먼저 발끝이 땅을 닿고 중심의 이동에 따라 발 전체가 땅바닥에 닿는다.

③ 허리와 몸이 돌아가는 것과 손발의 움직임은 절대적으로 일치해야 한다.

용법

십자가로 상대방의 공격을 봉쇄한 후 뒤를 이어 다리로 공격한다. 만약에 상대방이 오른쪽 허리와 옆구리로부터 공격해 들어오면 나는 오른손으로 뿌리치듯 끌어당기고 발을 바꾸어 왼쪽 손바닥으로 상대방을 밀며 공격하는데, 주로 상대방의 힘이 맹렬하게 변하는 것에 대응하는 자세이다. 똑같이 만약 왼쪽으로 들어오면 왼손으로 끌어들이고 허리와 몸을 돌린 후 오른쪽으로 때린다. 두 방위의 선후는 적의 공세에 따라서 변한다. 내련할 때 원칙상 중심은 왼쪽에서 오른쪽으로 옮겨갔다가 다시 왼쪽으로 돌아오게 하는데, 이 중심의 변화는 내경과 기혈이 신과 의의 지휘 아래에서 허리와 몸을 함께 안쪽의 경락을 따라 조금씩 움직여 가는 것이다.

17) **쌍탐분장(雙探分掌)**

동작

왼손을 무릎 앞에서 계속해서 뒤로 움직이는데 손목은 안으로 돌려서 허리 사이에 두고 오른쪽 손바닥과 함께 앞에서 평장(平掌)으로 손바닥을 위로 하여 찔러넣는다. 오른쪽 손바닥과 왼쪽 손바닥의 방향을 동시에 변화시키는데, 왼쪽과 아래쪽으로 돌려 가슴 앞으로 보내고 중심을 왼쪽에서 오른쪽으로 보내어 중간에서 마보(馬步)를 이룰 때 오른손을 끌어들여 허리 사이에 두고 손바닥을 뒤집어 왼쪽 손바닥과 함께 앞으로 바깥쪽으로 찔러 들어간다. 손끝은 발끝을 넘어가지 않으며 팔꿈치 사이는 허리의 간격이다(그림 54).

그림 54

요점

① 이것은 밖으로 움직이는 폭은 작지만 안에서 움직이는 힘은 비교적 큰 과정으로, 손의 동작 변화가 많지는 않지만 중심의 변화와 허리

와 몸이 똑바로 돌아오는 것이 상당히 중요하다.

② 손의 변화는 손을 모두 안으로 돌리면서 손목을 돌리는 것인데, 평장으로 장을 찔러 넣는 연습을 할 때에는 장을 뒤집어 손바닥을 세운 상태로 한다.

용법

이것은 몸을 바로 돌리고 떨치는 경력을 내뿜는 식이다. 왼쪽으로 무릎을 끌어 장(掌)을 때리고 난 후 정면으로 공격을 발출하는 방식이다. 몸을 돌릴 때 중심을 튼튼히 하고 변화하는 양쪽 손바닥이 갈라진 후 적의 상황에 근거하여 먼저 깊이 찔러 넣고 나중에 두 손으로 밀어낸다. 그 밖에 내단을 수련할 때에는 단지 기를 가라앉히고 배를 부풀리는데, 타격할 때처럼 숨을 토하면서 발력하는 것은 아니다.

18) 남작미식(攬雀尾式)

설명

이 남작미식은 본 투로 중에서 중복이 비교적 많은 식이다. 그러나 이어져 나가는 것에 있어서 다른 점이 많으며 권법의 운용 중에서 상황에 따라서 변화하는 식이다. 후면의 동작과 제3식은 기본적으로 같다.

동작

(1) 번압삽장(翻壓揷掌)

왼쪽 손바닥을 조금 끌듯 앞으로 뻗어 팔을 뒤집어 압장(壓掌)이 되게 하며 오른쪽 손바닥은 팔목과 팔의 사이에서 왼쪽으로 비스듬히 꽂아 들어가 왼쪽 어깨에 이르게 한다. 동시에 중심은 마보에서 왼쪽으로 조금씩 옮겨간다(그림 55).

그림 55　　　그림 56

(2) 허보영전(虛步擰轉)

허리와 몸을 오른쪽으로 돌리고 오른팔과 오른손은 이에 따라 팔꿈치를 가라앉힌다. 왼손과 왼발을 동시에 앞으로 내보내며 이어지는 동작은 제3식 중의 허보영전과 같다(그림 56).

요점

① 비록 중복되는 식이지만 같은 점이 있고 또한 다른 점이 있다. 즉 상황에 따라서 변화해야 한다.

② 동작과 동작의 사이에서 이어지는 방식은 다양하고 방향도 비교적 독특하다. 허보영전의 방위는 일정한 원리가 있는데, 실제 사용에서는 변화할 수가 있다.

③ 번압삽장의 용법은 이미 설명한 바가 있다. 만약 양쪽 손바닥이 앞으로 나가지 않으면 왼쪽 손바닥으로 상대방의 공격을 끊어내듯이 누르고 오른쪽 손바닥으로 비스듬하게 상대방의 허점을 공격한다(가슴이나 목 부

위). 이어지는 변화와 용법은 제3식과 같다.

19) 사주단편(斜走單鞭)

이 식은 제4식 순랍단편(順拉單鞭)과 기본적으로 같다. 단지 방향이 동남방으로 사각을 이루고 있으므로 사주단편(斜走單鞭)이라고 부른다(그림 19~24).

20) 주저간추(肘底看捶)

동작

① 단편의 자세가 완성된 후 중심을 뒤로 이동시키며 오른쪽다리를 약간 구부려 조금씩 중심을 담당하게 하고 왼발은 허보(虛步)가 되게 한다. 왼손은 아래로 하여 안쪽으로 가슴 앞까지 끌어들이고 오른손은 구수(勾手)의 모양으로 팔꿈치를 구부리고 오른쪽 겨드랑이 밑에서 오른쪽 어깨를 돌아 머리 뒤까지 보낸다. 동시에 두 손이 호형을 그리는 동작 중에 중

그림 57　그림 58　그림 59

심은 조금씩 오른쪽다리에서 왼쪽다리로 옮긴 후 오른쪽다리를 앞으로 일부 내보내고 계속하여 중심을 담당하는데 왼발과 왼손은 함께 움직인다(그림 57).

② 오른손은 구수에서 조금씩 바꾸어 주먹이 되게 하고 머리 위의 백회에서 얼굴 앞의 중간선을 따라서 가슴까지 내려보내어 왼쪽 팔꿈치의 아래에 둔다. 동시에 왼손은 가슴에서 안에서 밖으로 팔을 돌리며 팔꿈치를 떨어뜨리고 손바닥을 세운다. 왼발은 앞으로 허보로 반 보 내딛는데 중심은 오른발에 둔다(그림 58).

③ 위의 동작에서 잠깐 정지한 후 허리와 몸을 왼쪽으로 돌려 중심을 왼쪽다리로 조금씩 옮긴다. 왼손은 장심이 아래로 향하게 하여 허리를 돌아서 팔목을 돌리고 오른발은 몸과 함께 동쪽을 향해 앞으로 내보내며 팔꿈치를 구부려 밑으로 내리누르는 듯한 자세를 이룬다(그림 59).

요점

① 세(勢)는 두 번에 걸쳐 팔꿈치가 나타나는데 어깨와 팔꿈치를 떨어뜨린다.

② 허실과 몸이 앞으로 가는 변화는 주의하여 살펴야 한다.

③ 몸을 돌리며 앞으로 나가고 팔목과 팔이 원호를 그리는 운동은 자연스러워야 하며, 각도가 예리하거나 눈에 띄게 정지하는 순간이 있어서는 안 된다.

용법

만약 상대방이 나의 왼쪽으로 공격해 들어오면 나는 왼손 손목으로 상대방의 공격에 달라붙어 우선 팔을 돌리며 왼쪽으로 머리를 공격하고, 그 다음에 손목을 돌리며 상대방의 팔목과 손등 관절을 잡는다. 몸의 중심이 뒤로 감에 따라 손으로 상대방을 들어올리며 오른쪽 주먹으로 상대를 타격한다. 여기서 '주저간추(肘底看捶)'라고 이름지은 것은 먼저 팔꿈치를 떨어뜨리고 팔꿈치나 팔로 상대에게 달라붙으며 그런 다음 변하여 상대를 들어올리듯이 봉쇄하고 아래로 추의 공격을 하는 것이다. 그밖에 오른손을 돌려 머리를 보호하는 것은 상대가 머리를 공격하는 것을 막는 것이고, 두 번째는 머리를 보호하기 위한 것이며, 세 번째는 경락과 신의를 단련하기 위한 것이다.

21) 좌도연후(左倒攆猴)

동작

① 오른쪽 주먹은 오른쪽에서 왼쪽 아래로 오른쪽 무릎을 거치면서 팔을 구부려 무릎을 끌어안는 모양으로 지나가게 하고 몸을 왼쪽으로 돌림과 동시에 주먹을 오른쪽 무릎 옆에 둔다. 동시에 왼손은 허리에서 뒤쪽으로 위로 머리의 왼쪽을 지나가게 하면서 오른쪽을 향하여 장을 밀어낸다. 왼쪽 손바닥이 인체의 중심선을 넘어갈 때 왼쪽 손바닥과 몸을 함께 오른

그림 60　그림 61　그림 62

쪽으로 돌려 같이 밀어낸다(그림 60).

② 허리와 몸을 왼쪽으로 돌리고 중심을 왼발로 옮겨가며 왼팔과 손은 밖으로 돌리며 위로 올려 가슴 높이에 두고, 동시에 오른손은 밖으로 돌리면서 손목을 뒤집어 몸을 따라 열(挒)의 자세를 이룬다. 장심과 왼쪽 손바닥은 서로 마주보게 하고 오른발 뒤꿈치로는 허의 상태로 땅을 딛는다(그림 61).

③ 중심은 왼발에 두고 허리와 고관절을 축으로 하여 왼쪽으로 돌리면서 무겁게 가라앉히고, 두 손을 양쪽으로 장심이 마주보게 하고, 오른발은 손이 벌어지는 동시에 밖으로 차올린다(그림 62).

22) 우도연후(右倒撵猴)

동작

중심은 계속해서 왼발에 두고 오른발을 밖으로 찬 후 몸을 오른쪽으로 돌림에 따라서 오른쪽으로 내린다. 이때 왼발과의 거리는 한 척 반 정도가 되고 중심을 담당하게 한다. 오른손은 몸이 오른쪽으로 돌아감에 따라 거두어들여 가슴 앞에 두고 채(採)의 모양을 이룬다. 왼손은 왼발이 왼쪽에서 오른쪽으로 움직이는 것을 따라 열(挒)의 자세를 취하고 다리를 차올린다(그림 63).

그림 63

요점

① 주저간추(肘底看捶) 이후의 변화하는 세로서 누슬요보(摟膝拗步)

의 식과 비슷한데, 물이 흘러가듯 계속 이어지는 동작에 주의해야 한다.

② 좌우도연후(左右倒輦猴)는 허리와 몸의 영활한 움직임을 중시하며 아울러 손과 발의 협조에 의한 진퇴와 공방을 중시한다. 여기서는 물러나는 가운데 때리고 막는 것이 포함되어 있어서 태극권에서 유일하게 눈에 띄는 퇴보의 용법이다. 좌우 계속하여 두 번 할 수 있다.

③ 무당삼봉태극권의 도연후는 다른 것과 다른 독특함이 있는데 차올리는 다리의 높낮이는 단련의 정도와 운용할 때 상대방의 허점에 따라 정해진다. 그러나 사용할 때 가슴 높이를 벗어나지 않는다.

용법

적의 공세가 흉맹할 때 사용한다. 비록 물러나면서 다리로 공격하고 다시 물러나지만 몸과 손발이 전체적으로 잘 배합되어 만약 상대방이 힘껏 내 몸의 왼쪽으로 공격해 오면 나는 왼손으로 들어오는 기세에 달라붙고 오른손은 열의 자세로 몸을 돌려 상대방의 무릎을 걷어차는데, 관건은 정확한 시기를 포착하는 데에 있다. 상대방이 주먹을 거두어들이거나 혹은 오른쪽 주먹을 뻗으려고 할 때 나는 이미 우도연후의 자세로 변화시켜 반격을 가한다. 정확한 시기를 파악했다면 일격에 명중하게 된다.

23) 작보비룡(鵲步飛龍)

동작

(1) 작보착조(鵲步捉鳥)

중심은 오른쪽다리에 두고 몸을 왼쪽으로 돌리며 왼손은 주먹을 뒤집어 떨치듯이 내리누르고 왼발은 밖으로 차올리고 왼쪽 전방에 발을 딛는데, 오른쪽다리와의 거리는 한 척 정도가 되게 한다. 발끝으로 땅을 딛으면서 중심을 담당하며 몸이 앞으로 약간 앉는 듯하게 하며, 오른손은 몸의 변화

그림 64 正　　그림 64 反

그림 65　　그림 66

와 함께 왼손 사이로 찔러 넣는다. 오른발은 왼발을 좇아 왼발 옆으로 보내고 허보(虛步)의 자세가 되게 하여 땅을 딛는다(그림 64).

⑵ 전신비룡(轉身飛龍)

몸을 오른쪽으로 돌리며 오른발을 뒤로 물러나게 하여 왼발의 한 척 반

되는 지점에 놓는다. 먼저 발끝으로 땅을 딛고 이어서 발바닥 전체로 중심을 담당한다. 몸을 오른쪽으로 돌릴 때 오른팔은 그 움직임을 따라서 팔꿈치를 구부려 허리 사이에 둔다(그림 65).

⑶ 작보현조(鵲步現爪)

중심을 오른발에 두고 몸을 오른쪽으로 돌리면서 오른손을 앞으로 뻗은 후 아래로 떨어뜨리고 왼손은 왼발과 함께 앞으로 내보내어 오른쪽다리 앞으로 반 보 정도 되는 위치에서 중심을 담당하게 하며 오른발이 그것을 쫓아가서 허보를 이루어 발끝으로 땅을 딛는다(그림 66).

요점

① 작보비룡식은 중점이 작보에 있는데, 하나는 중심을 담당하는 다리이고 다른 하나는 그를 쫓아가는 다리이다.

② 비룡은 전신이 부드럽게 변화하는 것이 마치 용과 같다고 하여 붙여진 이름이다.

③ 기타 태극권의 사비식(斜飛式)과 비슷한 것이 있다.

④ 몸을 돌려 비스듬하게 걸음을 내딛는 것은 크게 할 수 있지만 작보에서 쫓아가는 움직임은 작아야 한다.

⑤ 신법의 협조가 이 식의 관건으로 산란해서는 안 되며 마지 용이 머리와 꼬리가 서로 응하는 것과 같이 태극권의 정체관념을 잘 드러내도록 해야 한다.

용법

좌우도연후의 후에 상허하실의 공방 중에서 갑자기 발이 쫓아나가면서 아랫부분을 공격하고 사타구니 사이를 찔러 들어가며 다리를 들어올리는 것들은 영활하고 몸의 움직임에 합쳐지는 초식이다.

24) 유신제수(揉身提手)

동작

몸을 오른쪽으로 돌리며 오른손은 팔을 뒤집어 위로 호형을 그리고 오른쪽다리는 뒤로 반 보 물러나게 하며, 이어서 몸을 왼쪽으로 돌려 왼손은 무릎 위에서부터 밖으로 돌아 아래로 내려왔다가 다시 올라가게 한다. 그 이후로는 제5식의 제수상식(提手上式)과 같다(그림 25~28).

설명

이 '유신제수(揉身提手)'가 제수상식과 다른 점은 연결되는 과정 중에 허리와 고관절을 중심으로 하는 소폭의 몸을 돌리는 과정이 있다는 것이다. 뿐만 아니라 운수와 다리가 뒤로 물러나는 것에 있어서 정운수(正云手)와 진보제수(進步提手)는 각자 다른 방향이다. 따라서 꼼꼼하게 몸으로 느껴 보아야 한다.

25) 백학양시(白鶴亮翅)

제6식와 같다(그림 29, 30).

26) 진보쌍장(進步雙掌)

동작

이 진보쌍장식은 시작동작이 누슬요보와 완전히 같은데, 단지 후면의 동작이 다르다. 구체적인 구별은 아래와 같다.

백학양시의 뒤를 이어 허보하절(그림 31), 기신유구(그림 32), 누슬요보(그림 33)를 이룬다. 계속하여 몸을 왼쪽으로 돌려 앞으로 밀어나갈 때 중심은 왼발로 조금씩 옮겨가고, 이어서 오른손을 밀어나갈 때 오른발은 왼

그림 67 正　　그림 67 反　　그림 68

발 옆을 따라 호형을 그리며 비스듬하게 전방으로 한 척 반 정도 내딛는다(그림 67). 위의 동작에서 잠깐 멈춘 후 오른쪽 손바닥은 약간 구부려 기운을 토하는 듯하게 하고, 앞의 오른쪽다리는 중심을 담당한 후에 오른발을 축으로 하여 허리와 몸을 오른쪽으로 돌리고 왼발과 왼손은 함께 앞으로 나가며 왼발은 오른발 옆을 거쳐 호형을 그리면서 비스듬하게 전방으로 한 척 정도 내딛는다. 동시에 왼손은 몸을 돌리며 앞으로 나아갈 때 아래에서 위로 원호를 그리면서 손목을 뒤집어 장을 밀어낸다(그림 68). 앞의 동작은 누슬요보와 기본적으로 같다. 단지 누슬요보식의 계속되는 변형이다.

27) 해저로월(海底撈月)

동작

① 몸을 조금 뒤로 앉히면서 중심은 오른쪽다리에 두고 무릎을 굻어 왼발을 끌어들인다.

그림 69　　　그림 70

왼발은 오른발로부터 한 척쯤 되는 곳에 허의 자세로 발끝으로 땅을 딛고 동시에 왼손을 아래로 떨어뜨리며 오른손의 다섯 손가락을 합하여 왼팔 위쪽의 팔꿈치 앞쪽에서 아래로 꽂아놓는다. 왼손은 오른쪽 팔꿈치 근처를 들어올린다(그림 69).

② 몸을 약간 오른쪽으로 돌리며 중심은 오른쪽에 둔다. 왼발은 왼쪽으로 한 척 가량 벌려서 마보(馬步)를 이룬다. 동시에 왼손은 오른팔 아래에서 손바닥을 뒤집어 잘라내듯이 내보내고, 오른쪽 손바닥은 몸을 오른쪽으로 돌림에 따라 아래로 보냈다가 다시 위로 뒤집어 간다(그림 70).

요점

① 몸의 중심이 아래로 내려간 상태에서 허리를 돌릴 때에도 항상 중심이 견고해야 하며 허실이 분명해야 한다. 머리를 아래로 떨어뜨려서는 안되고 고관절을 이완시키고 허리는 곧게 세운다.

② 오른손을 비스듬하게 찔러 넣는 것은 땅에서 수직으로 한 척의 안으로 한다.

③ 다섯 손가락을 모두 합치는 것은 실전 중에서 변화에 주의해야 한다.

그림 71

28) 번신과해(翻身過海)

동작

허리와 몸을 오른쪽으로 돌리며 몸을 일으키고, 왼손은 위로 들어올리고 손바닥을 뒤집어 두 장심이 마주보게 한다. 동시에 몸을 따라서 오른쪽으로 돌리며 왼발은 오른발 바깥쪽에 두고, 오른손은 뒤집어 몸 뒤에서 벽장(劈掌)으로 바꾸고 왼손은 압장(壓掌)으로 바꾼다(그림 71).

요점

① 허리와 몸을 들어올리며 돌리는 것이 내경의 관건이다.

② 두 손을 서로 마주잡는 것이 장심이 서로 마주보게 하는 것인데, 주의해서 몸으로 느껴보아야 한다.

29) 별신벽추(撇身劈捶)

동작

중심을 조금씩 오른쪽다리로 옮기고 왼발은 앞으로 보내어 오른발 옆을 딛는다. 오른발과 오른손을 동시에 오른쪽으로 보내며 오른손은 가슴 앞을 지나 다시 밖으로 뒤집어 가게 한다. 팔을 뒤집어 가슴을 지날 때 장(掌)에서 권(拳)으로 바꾸고 장심은 위로 향하여 반추가 되게 한다. 왼손은 동시에

그림 72 그림 73

아래에서 왼쪽으로 다시 위로 보내어 뒤집은 다음 오른쪽으로 보낸다. 왼발과 왼손은 동시에 몸을 따라서 한 척 정도 앞으로 내보낸다(그림 72, 73).

요점

① 보법과 수법은 영활하며 변화가 다양해야 한다.

② 자세가 낮을수록 공력이 더 붙는다.

용법

만약 상대방이 우측의 배후에서 습격해 온다면 나는 신속하게 몸을 돌리며 왼쪽 손바닥으로 앞을 향하며 아래로 눌러 상대방의 주먹을 떨치고 빠른 속도로 오른쪽 주먹의 등을 이용하여 상대방의 얼굴을 가격한다.

30) 전반란추(轉搬攔捶)

동작

오른손과 오른발을 함께 내보내며 오른손은 가슴 앞에서 왼손 밖을 지나며 교차시켜 비스듬한 십자수를 이루고, 오른발은 왼쪽 앞에서 다리를

그림 74 正

그림 74 側

그림 75

그림 76

들어 발꿈치가 먼저 땅에 닫게 한 후에 뒤꿈치를 축으로 하여 오른쪽으로 돌린다. 오른쪽 팔꿈치를 내려뜨리고 손으로는 얼굴을 보호하며 전신은 오른쪽으로 돌린다(그림 74). 왼손은 안으로 돌려 바깥쪽으로 떨치며 난(攔)의 모양을 이루고, 이어지는 동작은 제13식과 같다(그림 75, 76).

31) 상보봉폐(上步封閉)

그림 77

설명

상보봉폐와 제14식인 여봉사폐의 구별은 단지 '상보(上步)'라는 두 글자에 있다.

동작

오른쪽 주먹을 앞으로 내뻗는 듯하다가 바로 뒤로 거두어들이며, 주먹 끝은 바깥쪽에서 손목을 돌리면서 조금씩 장(掌)으로 바꾼다. 동시에 왼쪽 손바닥은 주먹의 위에 놓고 먼저 주먹의 등과 손목을 향해 비빈다. 뒤를 이어 앞으로 평장의 자세로 밀어낸다(그림 42). 이어서 허리의 움직임에 따라 중심을 오른쪽에서 왼쪽으로 움직여가고 두 손을 합칠 때 오른발을 앞으로 좇아보내어 왼발 옆쪽에 놓으며 중심은 왼발에 둔다(그림 77).

요점

상보는 여봉사폐의 정해진 보법 기초에서 변화하여 나온 것으로 무당상봉태극권이 같은 자세에서도 상황이 달라지면 보법이 영활하게 바뀌는 특성을 잘 드러내는 것이다.

32) 진람작미(進攬雀尾)

동작

기본적으로 제3식과 같다. 단지 이어지는 곳에서 조금 다른 것이 있다. 동작은 아래와 같다. 오른발을 실로 변화시켜 중심을 담당하게 하고 왼발을 들어올린다. 왼쪽 팔꿈치는 구부리며 떨어뜨리고 왼손은 안으로 뒤집어 장심이 왼쪽 어깨를 향하도록 한다. 오른손은 왼쪽 팔꿈치 부근에 두며 몸을 왼쪽으로 돌린다(그림 78). 뒤를 이어 왼발을 원래의 위치에서 비스듬하게 오른쪽 앞으로 한 척 가량 내보내고, 오른발을 들어 오른쪽 앞으로 몸과 함께 나가게 한다. 그 뒤로는 남작미식과 같다(그림 13~18).

그림 78

요점

① 이어지는 동작은 비록 정식 명칭을 가진 동작은 아니지만 실용적인 가치는 무시할 것이 못 된다. 이 식은 어떤 식과도 연결이 가능하여 상황에 따라서 엄청나게 많은 초식으로 변화할 수 있다. 따라서 자세와 방법과 요령을 꼭 주의해야 한다.

② 한쪽 다리로 중심을 담당하고 다른 한쪽 다리는 뒤꿈치가 땅을 딛은 후 방향을 변화시키는데, 이것이 이어지는 식의 관건이다.

33) 순랍단편(順拉單鞭)

제4식과 같다(그림 19~24).

34) 좌우운수(左右運手)

동작

① 단편식에 이어 왼쪽 발끝을 안으로 오므리고 몸은 오른쪽으로 돌리

그림 79 그림 80

며 오른손의 구수는 장으로 바꾸어 오른쪽에서 호형을 그리며 아래로 내려보낸다. 중심은 오른쪽에 두고 왼쪽 손바닥은 몸을 오른쪽으로 돌리는 것을 따라 아래로 호형을 그리게 한다(그림 79).

② 중심을 조금씩 왼쪽으로 이동하고 오른발은 왼쪽으로 들어(뒤꿈치를 먼저 든다) 몸은 조금 왼쪽으로 돌리고 오른쪽 손바닥은 몸의 움직임을 따라 오른쪽 아래에서 왼쪽을 향하여 호형을 그리며 움직인다. 오른쪽 손바닥이 호를 그리며 머리 앞의 중심선까지 도달하면 새끼손가락이 코끝을 향하게 하여 장심을 바깥쪽으로 뒤집고 왼쪽 손바닥 역시 동시에 좌상방으로 호형을 그리며 움직인다. 오른발은 왼발에서 한 발자국 정도 되는 거리에 떨어뜨린다(발끝이 먼저 땅을 딛는다)(그림 80).

③ 중심은 오른발에 두고 왼발은 왼쪽을 향하여 약 한 척 반 정도 돌린다. 동시에 오른손은 위로, 왼손은 아래로 움직이며 위에서 말한 장을 움직이는 원리에 따라 호를 그린다(그림 81).

④ 왼발을 끌어들여 오른발 옆에 놓고 이때 왼손은 갈비뼈 근처에 두며

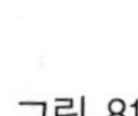
그림 81

그림 82

오른손은 위에서 팔꿈치를 구부려 귀 옆으로 반 척 되는 곳에 두고 계속해서 원호를 그린다. 오른발은 실로 바꾸어 중심을 담당하게 하고 왼발은 왼쪽으로 약 한 척 반 정도 내딛으며 두 번째 운수를 중복한다(그림 82).

동작 ⑤ · ⑥ · ⑦은 동작 ② · ③ · ④를 중복하는 것이다. 이렇게 두 번 중복하는 것이 좌우운수이다.

요점

① 운수할 때 몸의 움직임은 허리와 척추가 축이 되고 함부로 이리저리 움직이지 않아야 하며 앞뒤나 좌우로 구부려서도 안 된다.

② 두 팔이 움직일 때에는 자연스럽게 원을 그리며 팔꿈치와 어깨를 충분히 늘어뜨리고 아래위가 분명하고 왼손과 오른손은 각자 신체의 절반에서 해당하는 원호를 그린다.

③ 왼손과 오른손이 원을 그려 가슴 앞을 지나 머리에 다다를 때 새끼손가락이 코끝을 향하며 밖으로 뒤집어지는 것에 주의해야 한다.

④ 운수동작은 최소 두 개 이상이어야 하며, 장소와 운동량에 따라 3개

그림 83 그림 84 그림 85

에서 5개로 증가시킬 수도 있다.

용법

운수의 용법은 아주 다양하다. 내단에서는 내경을 활동시키고 배로는 태극을 운용하여 내단을 이루는 것을 돕는 것 이외에도 이 식은 공격과 방어에 대한 의의도 아주 강하다.

35) 단편휘출(單鞭揮出)

동작

세 번째 운수 이후에 중심을 오른쪽에 두고 오른손을 위로 왼손을 아래로 한다. 왼손은 계속하여 위로 호를 그리며 오른손의 앞에서 교차하여 비스듬한 십자의 모양을 한다. 왼발을 들어 밖으로 차고(그림 83), 그 이후의 동작은 제4식은 순립단편(順立單鞭)과 같다(그림 84, 85).

그림 86　　　　그림 87

36) 고탐마식(高探馬式)

동작

① 단편의 동작을 이어 몸을 왼쪽으로 돌리고 오른발을 들어 왼발에서 한 발자국 정도 떨어진 거리에 놓는데, 먼저 뒤꿈치로 땅을 딛는다. 동시에 왼손은 아래로 향하며 안으로 돌린다. 오른손은 몸의 움직임을 따라 앞으로 내보내어 왼손의 앞에서 아래로 누르는 모양으로 하고 이후에 왼손과 함께 가슴 앞에서 원을 그린다(그림 86).

② 오른발로 모든 중심을 담당하고, 왼손과 오른손이 가슴 앞에서 원을 그릴 때 왼발을 들어올리고 그에 이어 오른손을 앞으로 밀어나간다(그림 87).

요점

① 발을 바꿀 때 중심은 견고해야 하며 몸은 바로 서야 한다.

② 두 손은 계속하여 채(採)와 열(挒)의 경력이 있어야 하며, 오른쪽 손바닥이 앞으로 나갈 때에는 손바닥의 측면을 밀어내는 것을 위주로 한다.

그림 88 그림 89 그림 90

37) 십자분각(十字分脚)

동작

① 왼발로 땅을 딛으면서 몸은 왼쪽으로 돌리고 왼손은 끌어들인 오른손과 동시에 십자를 형성하며 머리 앞에서 교차한다. 얼굴은 동북쪽을 향하며 오른발은 몸을 따라서 호를 그리며 허의 자세로 발끝이 땅을 딛게 한다(그림 88).

② 왼손과 오른손은 팔을 늘어뜨린 채로 옆으로 나누며 호형을 그리고 몸이 조금씩 아래로 내려감에 따라 무릎 앞에서 다시 교차한다(그림 89).

③ 중심은 계속하여 왼발에 두고 몸을 천천히 일으키면서 두 손은 그것을 따라 벌려서 양쪽에 놓는다(그림 90). 동시에 오른발은 고관절에서 무릎 종아리 발끝까지 들어올리며 몸을 오른쪽으로 돌림에 따라서 차내고 발을 내린다.

요점

① 십자로 교차하고 팔을 돌릴 때에는 손목을 함께 돌리는데, 통상 오른

손이 밖으로 왼손이 안으로 되며 장심은 모두 밖을 향한다.

② 발로 찰 때에는 경(勁)을 사용하는데 먼저 뒤꿈치에 도달하고 다시 발끝에 도달하게 한다. 그리고 다리가 차고 나서 오른쪽으로 움직이는 폭은 비교적 적다.

용법

이 식은 태극권 중에서 다리를 사용하는 법 중에 눈에 띄는 것이다. 따라서 차는 방법 역시 다양한데, 두 손으로 자세를 봉쇄한 후 한 손으로는 적을 막고 차는 동시에 발로 찬다. 혹은 대주천 때 다리 부위의 기혈을 유통시키기 위하여 이 자세를 이용할 수도 있다.

38) 분파등퇴(分擺蹬腿)

동작

① 오른발을 천천히 내리며 왼발에서 한 척 정도 떨어진 거리에 뒤꿈치가 먼저 땅에 닿게 한다. 땅에 닿은 후에는 중심을 담당하고 두 손은 나누어서 아래쪽으로 원을 그리면서 가슴 앞에 오게 하고 다시 교차하여 십자가 모양으로 하며 왼발은 허의 상태로 땅을 딛는다(그림 91).

② 십자분수의 동작 ②(그림 89)를 반복한 후 몸이 일어남에 따라서 왼발을 들어올리고 다시 오른쪽으로 차낸 후 몸과 허리를 따라서 왼쪽으로 다리를 180도 돌리며 왼쪽으로 차낸다. 두 손은 몸의 움직임을 따라 호를 그리는데, 왼손의 뜻은 왼발 위에 둔다(그림 92, 93).

요점

① 왼발의 운동은 양쪽으로 이어지는 다리의 움직임이다.

② 이 식의 폭은 비록 크지만 중심은 계속해서 안정을 유지해야 한다(중심이 되는 다리는 약간 구부린다).

그림 91　　그림 92　　그림 93

③ 몸은 항상 가운데에 두고 한쪽으로 치우치지 않도록 한다.

39) 진보재추(進步栽捶)

동작

① 왼발로 땅을 딛을 때 왼손은 누슬요보의 식이 되어 왼쪽 무릎 앞에서 호를 그리게 하며, 왼손은 몸의 움직임을 따라 장(掌)으로 바꾸어 밀어낸다(그림 94).

② 중심을 뒤로 보내고 오른쪽다리로 중심을 담당한 후 왼발 뒤꿈치를 축으로 발끝을 밖으로 45도 돌리고, 이어서 왼발로 중심을 담당하고 오른발을 위로 들어 왼쪽다리 옆에 오게 하며, 오른손은 아래로 호형을 그리며 장(掌)을 뒤집어 주고 오른발로 땅을 딛어 중심을 담당한 후 왼발이 좌전방을 향하여 호를 그리며 나아가게 한다. 왼손은 이를 따라서 장을 뒤집고 왼발과 동시에 무릎을 스치듯 지나가서 호를 그리게 하며 머리 옆쪽에 오게 한다. 오른손은 장에서 권(拳)으로 변화시켜 머리 오른쪽으로부터 밀어

그림 94 그림 95

내고 머리를 지난 후 주먹이 호형을 그리며 왼발 아래쪽을 향해 내려가게 한다(그림 95).

요점

① 이것은 누슬요보의 계속적인 변화이다. 장에서 권으로 변하는 것에 실용적인 위력이 있다.

② 경추에서부터 요추까지는 직선이 이루어지도록 해야 한다.

용법

이 식은 태극오추의 하나이다. 출수(出手)할 때에는 장이지만 실제로 목표에 닿을 때에는 권으로 변화한다.

40) 별신벽추(撇身劈捶)

동작

① 허리와 몸을 오른쪽으로 돌리고 중심은 조금씩 오른발로 옮긴다. 오

그림 96 그림 97 그림 98

른팔은 팔꿈치를 구부리고 왼손은 몸을 따라 좌하방으로 호를 그린다(그림 96).

② 오른팔은 팔꿈치를 내리고 권(拳)을 뒤집어 오른쪽 주먹이 가슴으로부터 위로 향하게 호형을 그리며 나가게 한다(그림 97).

③ 몸을 오른쪽으로 돌리며 조금씩 왼발을 들어서 왼손과 함께 몸을 오른쪽으로 돌리는 힘을 이용하여 앞으로 내보내어 오른발의 앞쪽으로 한 척 되는 거리에 놓는다. 왼손은 좌상방에서 오른쪽을 향하여 호를 그리고 머리 위를 지날 때 뒤집어 눌러서 오른쪽 주먹 위로 오게 하고, 오른쪽 주먹은 몸과 함께 약간 아래로 움직이며 호를 그려서 끌어들인다(그림 98).

41) 진반란추(進搬攔捶)

동작은 제30식의 전반란추와 같다(그림 43~45).

그림 99 그림 100

42) 제슬등퇴(提膝蹬腿)

동작

오른쪽 주먹은 왼쪽 손바닥의 보호 아래에서 손목을 뒤집으며 장으로 변화시키고 두 손목을 서로 붙여 장심이 밖을 향하도록 한다(그림 99).

몸은 왼쪽으로 돌리며 중심은 왼쪽다리에 둔다. 두 손은 몸을 왼쪽으로 돌림에 따라 왼쪽 허리로 끌어들인다. 동시에 오른쪽다리를 들어 무릎을 구부렸다 펴며 앞으로 찬다(그림 100).

요점

① 팔목을 뒤집어 장으로 변화시키는 것은 적을 낚아채려는 법인데, 이를 이해해야 한다.

② 장을 거두어들이고 다리를 뻗을 때에는 모두 기가 단전에 머물러야 한다.

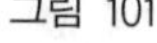
그림 101

그림 102

43) 요보양나(要步亮拿)

동작

① 몸을 오른쪽으로 돌리며 오른발을 거두어들이고 오른발은 비스듬하게 왼발의 뒤로 찔러넣는다. 몸을 천천히 오른쪽으로 돌리며 앉아서 헐보(歇步)가 되게 한다. 두 손은 양쪽으로 갈라 오른손은 위로 하고 왼손은 아래로 하여 호를 그린다(그림 101).

② 허보(虛步)로 아래로 내려치는 동작을 한 다음 몸을 천천히 일으키고 중심을 왼쪽에 두며 두 손은 계속해서 안과 밖으로 돌린다. 제7식 중의 동작인 허보하절세(虛步下切勢)와 같다(그림 102).

설명

① 허리를 돌리고 몸을 낮추는 것은 방어의 자세인데, 이 식은 공격하는 기세가 밖으로 드러나지는 않지만 여기에서 많은 공격 자세로 변화할 수 있다.

② 이 자세는 내기의 단련에 있어서 신체의 기복과 결합하게 되며 기혈의 단련에 효과가 크다.

그림 103

44) 금계독립(金鷄獨立)

동작

몸을 오른쪽으로 45도 돌리며 오른발을 들어 뒤로 내밀었다가 다시 앞을 향해 호를 그리며 한 척 정도 되는 거리에 내려놓는다. 동시에 오른손은 위로 호를 그리며 뒤집어서 장(掌)에서 추(捶)로 바꾸며 머리 앞에 놓는다. 왼손은 위에서 가슴 앞을 지나며 호를 그려 아래로 사타구니 앞에서 멈춘다. 동시에 왼발을 들고 눈은 오른쪽 주먹의 하전방을 본다(그림 103).

45) 피신타호(披身打虎)

동작

(1) 좌타호(左打虎)

허리와 고관절로부터 움직여 왼쪽다리를 약간 뻗은 후 왼쪽으로 90도를 돌려 북쪽으로 다리를 내려놓는다. 조금씩 중심을 이동시켜 좌궁보(左弓步)를 이룬다. 왼손은 왼발을 돌릴 때 왼발 앞을 스치면서 호를 그려 머리 앞에 이르러 권(拳)이 되게 한다. 오른손 역시 돌리면서 위에서 아래로 호형을 그리며 왼쪽 무릎 앞에 놓는다. 왼쪽 주먹의 아랫부분은 밖을 향하고 오른쪽 주먹의 아랫부분은 아래를 향하게 한다(그림 104).

그림 104 그림 105 그림 106

(2) 우피신(右披身)

허리와 몸을 오른쪽으로 90도 돌린다(뒤꿈치를 축으로 하며 왼발은 안으로 움츠린다). 오른손은 오른쪽을 향하여 호를 그리며 조금씩 우궁보(右弓步)를 만들어 가고 왼손은 동시에 아래쪽으로 호를 그리며 장(掌)으로 바꾼다(그림 105).

(3) 우타호(右打虎)

허리와 몸을 계속해서 오른쪽으로 45도 돌린다. 왼손과 왼발은 밖에서 몸의 안쪽으로 호를 그린다. 왼발을 오른발과 비스듬히 한 척 되는 부분에 딛고 왼손은 어깨 높이로 하고, 왼발로 중심을 담당하고 오른발은 들어올려 우전방으로 호를 그리며 한 척 정도 앞으로 나가게 하고, 왼손과 오른손은 동시에 호를 그리며 장을 뒤집고 권으로 바꾸면서 우궁보가 되게 한다. 오른쪽 주먹은 머리 앞에서 주먹의 아랫부분이 밖을 향하게 하고 왼쪽 주먹은 오른쪽 무릎 앞에 둔다(그림 106).

그림 107　　　그림 108

46) 십자등퇴(十字蹬腿)

동작

몸을 일으키면서 왼발을 들고 왼손은 위로 호를 그리고 오른손과 교차하여 십자가 되게 한다(그림 107). 이후로는 십자분각(十字分脚)의 세와 같다(그림 108).

47) 쌍수삽장(雙手插掌)

동작

오른발을 끌어들여 땅을 딛고 두 손은 나누어 아래쪽으로 호를 그리다가 허리 근처에서 장(掌)이 위로 향하게 하여 꽂아넣는다. 왼발이 앞으로 반 보 정도 나가면서 중심은 오른쪽다리에 두어 우실좌허보를 이룬다(그림 109).

요점

① 손이 모이는 기세와 발이 앞으로 나아가는 것은 서로 잘 협조되어야

그림 109　　　　그림 110

한다.

② 손을 꽂아 넣을 때 발끝을 벗어나지 않도록 한다.

③ 자세를 약간 낮추어 중심을 낮게 유지한다.

48) 쌍풍관이(雙風貫耳)

동작

왼발이 실이 되면서 중심을 담당하게 하고 몸을 위로 편다. 두 손을 끌어들일 때 아래에서 각자 한쪽으로 손목을 뒤집으면서 권으로 바꾸고, 위로 호를 그리면서 머리 앞에서 서로 마주보는데, 거리는 반 척 정도이고 호구가 서로 마주보게 한다. 동시에 오른쪽 무릎을 들어올린다(그림 110).

요점

① 두 주먹이 앞이나 아래로 움직이는 것과 무릎을 들어올리는 것은 서로 일치해야 한다.

② 어깨에 힘을 빼고 두 장을 아래에서 안으로 돌릴 때에 벌리고 모아

짐이 분명해야 한다.

용법

상대방의 양쪽 손바닥을 갈라내고 반격하여 상대방 머리의 태양혈을 공격하면서 무릎을 들어 사타구니를 친다.

그림 111

49) 개합채수(開合採手)

동작

몸을 왼쪽으로 돌리면서 오른발을 좌전방으로 내딛는다. 두 손은 권(拳)을 장(掌)으로 바꾸어 몸을 돌리는 것과 함께 오른손과 왼손을 교차한 후에 오른손은 장심이 위로 향하게 하여 밖으로 이르게 하고, 왼손은 장심이 아래로 향하게 하여 왼쪽으로 보낸다. 중심을 오른쪽다리로 움직여서 우궁보를 이룬다(그림 111).

50) 선풍파퇴(旋風擺腿)

동작

① 몸은 계속하여 오른쪽으로 돌리고 동시에 오른쪽다리에 중심을 두고 왼발을 들어올려 안으로 180도 돌린다. 즉 왼발을 먼저 위로 차고 오른쪽으로 돌리는데, 머리 정도 높이에서 오른손은 발바닥을 때리고 뒤를 이어 호형을 그리면서 서북쪽으로 내린다(그림 112).

② 왼발을 땅에 딛어 실이 되고 난 후에 오른발을 들어올려 위의 방법과 같이 오른쪽으로 180도 돌려찬다(그림 113).

그림 112　　그림 113

요점

① 이것은 무당삼봉태극권 안에서 두 다리를 연속적으로 사용하는 유일한 방법이다. 뿐만 아니라 체력에 따라서 반대방향으로 다리를 움직여 차는 동작들을 가할 수도 있다. 그러나 그 도약과 속도는 전체적인 투로(套路)의 일치성에 영향을 미치거나 도약으로 인해 단(丹)을 상하게 할 수도 있으므로 부득이한 상황이 아니면 잘 사용하지 않는다.

② 다리를 차서 돌리는 동작은 허리와 잘 배합되어야 하며 허리의 움직임으로 격렬히 발바닥에 도달하도록 한다.

용법

이 연환퇴법(連環腿法)은 상황에 따라서 다르게 사용할 수도 있다. 오른손으로 상대방의 공격을 봉쇄한 후에 신속히 왼발을 들어서 차는데, 만약 상대방이 피하거나 다른 방법으로 공격해올 때에는 두 번째 다리 공격을 가한다. 혹 앞다리는 상대를 혼란시키기 위한 허수로 하고 뒤쪽의 공격이 진짜로 나갈 수도 있다.

51) 휘수비파(揮手琵琶)

그림 114

설명

이 식은 선풍파퇴의 자세가 끝난 후 두 손이 몸과 다리의 운동을 따라서 호를 그리며 떨어지는 자세이다. 가슴에 비파를 안고 있는 듯한 모양인데 제8식과 같다(그림 114, 34).

52) 전반란추(轉搬攔捶)

동작

제12식, 13식과 같다(그림 41~45).

53) 여봉사폐(如封似閉)

동작

제14식과 같다(그림 46, 47).

54) 십자피홍(十字披紅)

동작

제15식과 같다(그림 48, 49, 50).

55) 좌고우반(左顧右盼)

동작

제16식과 같다(그림 51, 52, 53).

56) 쌍탐분장(雙探分掌)

동작

제17식과 같다(그림 54).

57) 남작미식(攬雀尾式)

동작

제18식과 같다(그림 55, 10~18). 이어지는 동작은 18식과 동일하다.

58) 사주단편(斜走單鞭)

동작

제19식, 제4식과 같다. 방향은 19식과 같다(그림 19~24).

59) 야마분종(野馬分鬃)

동작

(1) 우분종(右分鬃)

몸을 약간 오른쪽으로 돌리며 왼발은 뒤꿈치를 축으로 하여 안으로 45에서 60도 정도 안으로 끌어들인다. 이어서 왼발로 중심을 담당하고 오른손과 오른발은 허리의 움직임과 함께 왼쪽으로 돌리면서 앞으로 내보낸다. 오른손은 호를 그리면서 우하방에서 좌상방으로 올라갔다가 몸의 아래쪽으로 내려오게 하고 오른발은 왼발 옆에 허의 자세로 발끝을 향해 딛는다. 왼손은 몸을 돌림과 동시에 아래에서 위로 호를 그려서 두 손이 공을 끌어안은 듯한 모양을 하게 하고 계속하여 허리를 돌리며 오른발은 오른쪽 앞으로 한 척 반 정도 내딛는다. 오른손은 동시에 밖을 향하고 아래에서 위로 팔을 뒤집으면서 호를 그린다. 왼손과 오른손을 서로 교차하여 위에서 아래로 호를 그리며 움직이고 우궁반마보를 이룬다(그림 115, 116).

⑵ 좌분종(左分鬃)

오른발 끝을 바깥으로 30에서 45도 정도 틀며 중심을 담당하게 하고 허

그림 115 그림 116

그림 117 그림 118

리는 약간 오른쪽으로 돌리며 오른쪽 고관절을 끌어들인다. 왼쪽다리를 들어 오른발 옆에 가볍게 놓고 오른쪽 손바닥은 안으로 돌리면서 아래로 가라앉아 어깨 높이로 오게 한다. 왼쪽 손바닥은 몸을 돌림에 따라 아래에서 위로 올라가게 하며 오른쪽 손바닥과 가슴 앞에서 교차시킨 후 몸 앞의 아래쪽에서 오른쪽 손바닥과 공을 끌어안은 듯한 모양을 이룬다(그림 117).

그림 119

그림 120

그림 121

그림 122

이어서 왼발을 천천히 좌전방으로 내딛는데 구체적인 폭은 허리의 움직임에 따라 정해진다. 허리와 몸을 왼쪽으로 돌리고 발끝과 무릎 끝의 방향을 일치시키며 오른쪽 발끝과 평행으로 하여 좌궁보를 이룬다. 동시에 왼쪽 손바닥은 몸의 움직임과 함께 앞쪽을 향하여 아래에서 위로 움직이고 팔을 뒤집고 손목을 움직이며 호형을 그린다(그림 118).

⑶ 우분종(右分鬃)

동작은 좌분종과 같으나, 방향은 반대이다(그림 119~122).

요점

① 이 식은 비록 방식에서 정해진 폭이 있으나, 정확한 폭은 없다. 움직일 때 허리와 고관절에 따라서 폭이 결정된다.

② 하나하나의 동작에서는 모두 원호를 그리며 움직여야 한다.

60) 남작미식(攬雀尾式)

동작

제32식과 같다.

61) 순랍단편(順拉單鞭)

동작

제33식과 같다(그림 19~24).

62) 옥녀천사(玉女穿梭)

동작

① 서남각(西南角) : 몸의 중심은 왼발에 둔다. 왼쪽 발끝은 안으로 45~

그림 123

그림 124

60도 정도 끌어들인다. 허리와 몸은 이를 따라 오른쪽으로 90도 돌린다. 동시에 오른쪽의 구수(勾手)는 권에서 장으로 바꾸고 아래쪽으로 호를 그리며 배 앞을 지나서 우전방으로 가게 하고, 왼쪽 손바닥은 몸을 오른쪽으로 돌릴 때 아래에서 끌어들어 호형을 그리며 왼쪽 고관절 옆에 둔다. 중심은 조금씩 이동하여 오른쪽다리에 둔다(그림 123). 이어서 몸을 계속해서 오른쪽으로 돌리며 왼발은 앞으로 나가게 하는데, 왼발은 오른발 앞을 지나 서남방을 향하여 땅과 270도 정도가 되게 호를 그리면서 내려놓는다. 왼손은 아래에서 위로 호를 그려 붕의 자세가 되게 하고 왼발이 땅을 딛어 중심을 담당하게 한 후에 오른손과 동시에 아래로 내리면서 오른팔 아래에서 밀어낸다(그림 124).

② 동남각(東南角) : 몸을 약간 뒤로 낮추며 중심은 왼쪽에서 오른쪽으로 옮기고 동시에 왼팔은 아래로 가라앉히며, 왼손으로는 안에서 아래로 호를 그리고 밖으로 호를 그리면서 나간다. 오른손은 왼쪽으로 가볍게 손목을 구부린 후 오른쪽으로 끌어들이면서 두 장심이 마주보게 하는데, 모양은 공을 안은 듯하고 거리는 약 한 척이다(그림 125). 허리와 고관절을

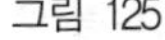
그림 125

그림 126

왼발 쪽으로 끌어들이고 중심을 왼쪽으로 옮겨 오른쪽다리를 가볍게 들며 양손은 공을 어루만지듯이 하여 손목을 뒤집는다. 즉 아래에서 위를 향하여 원을 그리며 채(採)에서 열(挒)로 변화시킨 후 오른발은 오른쪽 뒤로 호를 그리면서 동남쪽에 내려놓고, 동시에 오른쪽 손바닥은 아래에서 위로 움직여 붕의 모양을 이루고 왼쪽 손바닥은 위에서 아래로 내려 밀어나간다(그림 126).

③ 동북각(東北角) : 몸을 약간 뒤로 낮추고 허리와 몸을 왼쪽으로 조금 돌리며 오른쪽다리를 가볍게 든다. 오른팔은 팔꿈치를 약간 구부려 아래로 내려뜨리며 오른손은 장을 뒤집고 왼손은 팔목을 돌려 오른쪽 팔꿈치 아래에 둔다. 이어서 오른쪽다리를 들어올리며 오른손은 허리와 함께 동북쪽을 향하며 한 척 반 정도 내딛는다. 중심이 고정된 후에 오른발 뒤꿈치를 축으로 하여 몸을 오른쪽으로 돌리며 왼발은 몸을 오른쪽으로 돌리는 것을 따라 오른쪽다리의 앞 한 척 정도 되는 위치에 놓는다. 동시에 왼쪽 손바닥은 아래에서 위로 호를 그리며 붕(掤)의 자세를 이루고, 오른쪽 손바닥은 뒤집어 어깨 높이에서 왼팔 아래쪽을 향하여 호를 그리며 밀어

그림 127　　　　그림 128

낸다(그림 127).

④ 서북각(西北角) : 중심은 몸을 오른쪽으로 돌림에 따라 점점 오른쪽 다리로 옮기고 왼쪽 발끝은 안으로 45에서 60도 정도 돌린다. 오른손은 안으로 돌려서 왼손의 장심과 마주보면서 공을 어루만지는 듯한 모양을 이룬다. 이어서 허리와 몸을 왼쪽으로 돌리며 오른발을 들어올려 오른쪽을 향해 호를 그리며 서북방으로 내려놓고 두 손은 공을 어루만지듯이 한 후 오른발이 땅을 딛는 것을 따라 오른쪽으로 돌린다(그림 128). 이 식은 동작 ②와 같고 단지 방향이 다르다.

요점

① 옥녀천사(玉女穿梭)는 네 방향을 때리는 것으로 전형적인 채(採)・열(挒)・주(肘)・고(靠)를 드러내 보이는 특색이 있다.

② 밀면서 내리는 손은 뻗은 듯하면서 구부러짐이 있고 궁보(弓步)의 방향이나 허실의 변화는 모두 표준적인 것이 있다.

63) 진람작미(進攬雀尾)

동작

최후의 옥녀천사가 끝난 후 왼발을 들어올리고 왼손은 팔꿈치를 가라앉히며 팔목을 뒤집는다. 그 다음 앞으로 나아가며 32식과 같아진다(그림 78, 13～18).

64) 순랍단편(順拉單鞭)

동작

제4식과 같다(그림 19～24).

65) 운수비발(雲手臂發)

동작

제34식과 같다(그림 79～82).

66) 상향단편(相向單鞭)

동작

제35식과 같다(그림 21～24).

67) 회두복식(回頭扑食)

동작

(1) 전신하세(轉身下勢)

① 허리와 몸을 오른쪽으로 돌리며 우측의 구수(勾手)는 장으로 바꾸고 안으로 한 바퀴 돌린다. 아래에서 오른쪽 갈비를 지나 위로 올라가며 장을

뒤집어 쪼개어낸다. 이어서 왼손은 호형을 그리며 오른쪽 고관절 옆으로 끌어들인다(그림 129).

② 중심이 변하지 않는 상태에서 허리와 몸을 이완시키며 왼발 끝은 안으로 45도 돌린다. 왼손은 몸을 따라서 우측에서 밖을 향하여 위로 올라가 머리 꼭대기에서 오른쪽 손바닥을 누르며 호형을 그리는데, 왼쪽 손바닥이 오른쪽 손바닥의 위를 덮을 때(그림 130) 오른쪽 손바닥은 또 팔을 안

그림 129

그림 130

그림 131

그림 132

으로 돌리면서 오른쪽 갈비뼈를 지나 오른쪽을 향하여 앙장으로 호를 그리며 찔러 들어가게 하고 이어서 구수로 바꾼다. 몸을 낮추어 앉아 하세(下勢)가 되게 하고 왼손은 위에서 아래로 호를 그리면서 왼쪽 무릎 근처에 둔다(그림 131).

⑵ 성동격서(聲東擊西)

① 왼손을 왼쪽 무릎까지 이르게 한 후에 다섯 손가락을 끌어당겨서 계속해서 위로 호를 그리면서 몸을 일으킨다. 중심은 왼발로 옮겨 좌궁보가 되게 하고 오른손은 이를 따라서 아래로 내려보낸다(그림 132).

② 왼발은 뒤꿈치를 축으로 앞으로 60도 정도 돌리고 몸을 왼쪽으로 돌려 왼발로 중심을 담당한다. 허리를 낮추며 오른발과 오른손은 허리의 움직임을 따라 보낸다. 오른발은 들어서 좌전방을 향해 왼발에서 한 척 반 정도 되는 곳에 딛는다. 이어서 계속 왼쪽으로 돌려 잠시 중심을 담당하게 한다. 동시에 오른손은 호를 그리며 함께 도달한다(그림 133).

③ 허리와 몸을 왼쪽으로 돌리며 중심은 왼발로 옮기고 오른손은 계속

그림 133　　그림 134

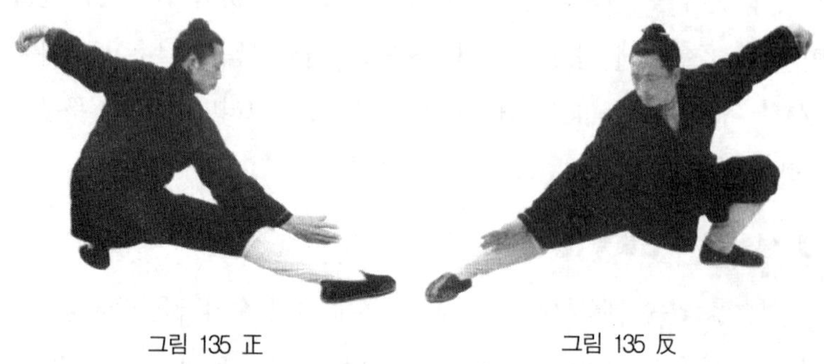

그림 135 正　　　　　　　　그림 135 反

해서 호를 그리며 위로 올라가 왼쪽 어깨에 도달했을 때 권(拳)으로 바꾸어 주먹의 등이 위로 가게 하고, 왼손은 이를 따라서 호를 그리며 허리 근처로 보내어 좌궁보를 이룬다(그림 134).

⑶ 회두간화(回頭看畵)

① 왼쪽 손바닥은 오른쪽 팔꿈치에서 비스듬하게 전방으로 찔러 들어가고 구수(勾手)로 바꾸며, 오른손은 아래로 팔목을 뒤집으며 내린다(그림 135 正).

② 계속해서 앉아서 부보(仆步)가 되게 하고, 오른손은 다섯 손가락으로 끌어당겨 하세(下勢)를 따라 오른쪽으로 보내어 오른쪽 무릎 옆에 놓는다(그림 135 反).

요점

① 회두복식은 앞을 가리키며 뒤를 치는 형상으로, 아래위로 기복(起伏)할 때 중심을 잘 잡아야 한다.

② 중심이 아래로 내려갔을 때 머리는 바로 세우고 어깨와 허리는 긴장을 풀면서 가라앉혀야 한다.

68) 단봉조양(丹鳳朝陽)

동작

몸을 점점 일으키며 오른쪽으로 45도 돌린다. 오른손의 장(掌)은 오른쪽 무릎 위에서 바로 세우고 오른발은 중심을 담당하여 우궁보가 되게 하며, 왼쪽은 구수(勾手)로 아래로 내려뜨린다(그림 136).

그림 136

69) 화수소각(化手掃脚)

동작

① 오른쪽 손바닥을 세우고 이에 따라 몸을 점점 일으키며, 약간 오른쪽으로 돌면서 중심을 오른발로 옮긴다. 왼발은 몸을 오른쪽으로 돌림과 동시에 왼쪽 밖에서 오른쪽 앞을 향해 큰 반원을 그리게 하면서 움직여

그림 137

그림 138

오른발 앞의 한 척 되는 거리에 허보(虛步)의 자세로 땅을 딛는다. 왼손으로는 이를 따라서 가슴 근처에서 왼쪽에서 오른쪽으로 원을 그린다(그림 137).

② 몸은 왼쪽으로 돌리며 왼손은 압장(壓掌)으로 허리 근처로 끌어들이고 오른손은 권으로 바꾼다. 몸을 왼쪽으로 돌리면서 중심은 오른쪽에 둔다(그림 138).

70) 일주경천(一柱擎天)

동작

몸을 오른쪽으로 돌리면서 오른손은 권(拳)에서 장(掌)으로 바꾸고 손목을 뒤집어 아래로 내리누르며 끌어들여 오른쪽 허리 쪽에 둔다. 왼손과 왼발은 함께 움직이는데, 왼손은 팔꿈치를 구부리고 위로 향해 손등으로 쳐올리고 이와 동시에 왼쪽 무릎을 들어올린다(그림 139).

요점

몸이 흔들려서는 안 되며, 오른발의 중심은 견고하게 두어야 한다.

용법

오른손은 상대방의 한 손을 봉쇄하고 다른 손은 아래에서 위로 올려치면서 주로 상대방의 가슴과 턱 몸등을 공격하며, 아울러 무릎을 들어올려서 사타구니를 공격한다.

그림 139

그림 140 그림 141 그림 142

71) 좌우연후(左右撵猴)

동작

몸을 왼쪽으로 돌리며 왼발이 땅을 딛고 왼손은 장으로 바꾸어 안으로 돌려 호형을 그린다. 오른손은 몸과 함께 돌릴 때 위에서 아래로 호를 그리며 왼쪽 손바닥과 함께 리(擺)의 형태가 되게 한다(그림 140).

왼발이 땅을 딛기를 기다려 오른발을 들고 허리를 돌리는데, 동작은 21식, 22식과 같다(그림 6, 141, 142).

72) 작보비룡(鵲步飛龍)

동작

제23식과 같다.

73) 회신제수(回身提手)

동작

제24식과 같다.

74) 백학양시(白鶴亮翅)

동작

제9식과 같다.

75) 쌍화침장(雙化沈掌)

동작

제26식인 진보쌍장(進步雙掌)과 같다.

76) 해저로월(海底撈月)

동작

제27식과 같다.

77) 번신과해(翻身過海)

동작

제28식과 같다.

78) 이룡희주(二龍戲珠)

동작

기본적으로 제29식인 별신벽추(撇身劈捶)와 같다. 단지 주요한 구별은

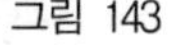
그림 143

그림 144

양손이 권(拳)이 아니고 장(掌)과 지(指)인 점이다. 몸을 돌리고 팔목을 뒤집고 팔을 돌리는 과정에서 중지와 식지가 검지를 이루고 팔목은 팔이 나아감에 따라서 앞으로 찔러나간다(그림 143, 144).

79) 병보반란(幷步搬攔)

동작

제30식인 전반란추와 기본적으로 같다. 단지 퇴법의 영활한 움직임과 쾌속의 운용들이 다를 뿐이다(그림 144, 43, 44, 45).

80) 상보봉폐(上步封閉)

동작

제31식과 같다.

81) 남작미식(攬雀尾式)

동작

제32식과 같다.

82) 순주단편(順走單鞭)

동작

제33식과 같다.

83) 운수비발(雲手臂發)

동작

제34식과 같다.

84) 단편하세(單鞭下勢)

동작

제35식과 같다.

85) 백사토신(白蛇吐信)

동작

몸을 오른쪽으로 돌리며 중심은 오른쪽에 두고 왼쪽 발끝을 안으로 돌린다. 왼손은 왼발과 함께 전방으로 움직여 나가고 왼손은 안으로 돌려 아래에서 위로 향하게 한 후 호구는 벌리고 탁장(托掌)으로 밀어낸다. 왼쪽다리는 오른발 앞에서 호형을 그리면서 앞으로 나가게 하고 발끝은 허구로 땅을 딛는다. 오른손은 위에서 신체의 안쪽을 향해 팔을 돌리며 눌러가서 왼쪽 팔꿈치 위에 두고 뒤를 따라 왼손을 앞뒤로 한 번 움직인다(그림 145).

요점

그림 145

① 호구를 벌리는 것과 다섯 손가락을 벌리는 것은 기가 손가락 끝에까지 잘 도달하도록 연습하는 것이다.

② 손이 앞뒤로 한 번 움직이는 것은 장심이 서로 마주하는 모양인데, 그 뜻은 적의 목과 얼굴과 눈을 순차적으로 공격하는 데에 있다.

용법

정면의 공격을 피하고 적의 상부를 찔러 들어가는 것인데, 특히 손가락으로 적의 목과 눈을 공격하는 것을 중시한다. 마치 뱀이 혓바닥을 토해내는 것과 같이 빠르고 독해야 한다(그러나 사용하는 것을 주장하지 않는다).

86) 화장엄주(化掌掩肘)

동작

왼발 뒤꿈치를 축으로 중심을 앞으로 옮겨 왼발로 중심을 담당하게 하고 몸은 오른쪽에서 뒤를 270도 돌린다. 동시에 두 손은 몸의 움직임에 따라 왼손은 권으로 바뀌 오른쪽 주먹의 위에 두고 오른쪽 팔꿈치를 구부리고, 오른발을 360도 돌릴 때 뒷다리로 중심을 담당하며 팔꿈치로 공격한다. 다리는 우궁보의 자세를 이룬다(그림 146 正, 反).

요점

① 오른쪽과 뒤로 돌아가는 폭은 270도이다. 돌아갈 때에는 평형을 유

그림 146 正　　　　그림 146 反

지하며 앞뒤로 구부려져서는 안 된다.

② 돌아갈 때에 중심은 오른쪽다리로 옮긴다.

용법

이것은 방향을 바꾸며 초식을 변화시키는 타법이다. 만약 백사토신(白蛇吐信)으로 얼굴과 머리를 공격하는 것이 성공하지 못하면 상대방의 힘을 이용하여 몸을 돌리면서 그 힘을 흩뜨리고 팔꿈치로 적의 가슴을 공격한다.

87) 개합파퇴(開合擺腿)

동작

① 허리와 몸을 왼쪽으로 돌리며 왼발은 바깥으로 약간 돌리고 중심은 앞으로 옮겨 왼발에 둔다. 동시에 두 손은 가슴 앞에서 장으로 변화시켜 각자 좌상방과 우하방으로 나누어서 나가며 왼손의 장심은 위에서 아래로 바꾸고 오른쪽 장심은 아래로 한다(그림 147 正, 反).

② 몸은 계속하여 왼쪽으로 돌리며 오른발을 틀어 왼쪽 위에서 왼손으로 발바닥을 두들기고 다시 밖을 향하여 돌려 차나간다. 다리는 원래의 자리에서 한 척 정도 앞으로 보내어 땅을 딛는다. 오른손은 동시에 호를 그리며 발이 땅에 닿을 때 무릎을 감싸안는 듯하게 하고, 왼손은 발이 땅에 닿은 후 누슬요보의 식으로 밀어낸다(그림 148, 149).

그림 147 正

그림 147 反

그림 148

그림 149

요점

① 오른발을 밖으로 돌려차는 것은 두 손이 붙었다가 떨어진 후로, 먼저 아래에서 위로 차올리고 다시 옆으로 돌린다.

② 발을 차올릴 때에 몸과 다리는 길게 잡아당기는 듯한 느낌으로 하고 허리와 무릎은 힘을 빼야 한다.

88) 진보지당(進步指襠)

동작

오른발을 중심으로 왼발을 들어 먼저 안으로 다시 밖으로 호를 그리면서 내딛고, 동시에 왼손은 밖으로 돌려(장심을 밖으로 뒤집는다) 다시 머리 앞으로 끌어오고, 왼발을 좌전방으로 내려 땅을 딛은 후 중심을 담당하게 한다. 몸은 왼쪽으로 돌리며 오른발과 오른손을 함께 내보낸다. 오른발은 좌전방으로 1보, 오른손은 추(捶)로 변화시켜 호형을 그리며 아래로 때려가는데 주먹의 아래쪽은 안쪽을 향한다(그림 150).

요점

왼손이 안으로 뒤집어져 장으로 바뀌는 것은 독특한 방법인데, 반드시 그 용법을 파악해야 한다.

그림 150

용법

상대방이 나의 왼쪽으로 공격해 들어올 때 나는 오른손으로 끌어안듯이 달라붙고 아울러 앞으로 나가며 상대방의 아랫부분을 때린다. 왼손으로 상대방의 공격을 막고 왼발이 몰래 앞으로 나가며 몸을 돌려 오른쪽으로 들어가며 바로 때린다.

그림 151

89) **진람작미(進攬雀尾)**

동작

오른손은 위로 뽑아올리고 왼손은 아래로 떨쳐낸다. 두 손은 마치 비벼 꼬는 듯하면서 동시에 왼발을 끌어당기고 우전방으로 반 보 내딛는다. 그 이후의 동작은 제32식과 같다(그림 151).

90) **단편순장(單鞭順掌)**

동작

제33식과 같다.

91) **운수단편(雲手單鞭)**

동작

이 식은 제34식 좌우운수(左右運手)와 제35식 단편휘출(單鞭揮出)을 하나로 연결한 식이다.

92) **고탐마식(高探馬式)**

동작

제36식과 같다.

93) 사천차퇴(斜穿叉腿)

동작

① 오른발을 중심으로 무릎을 굽히며 몸을 약간 낮추고 오른쪽으로 돌린다. 왼발은 몸이 오른쪽으로 돌아감과 동시에 오른쪽 무릎 위를 막고 오른쪽다리의 전방으로 비스듬히 내려놓는다. 왼손은 오른팔을 따라 찔러 들어가고 장심이 위로 가게 하여 턱과 같은 높이로 한다.

오른쪽 손바닥은 왼쪽 팔꿈치 아래로 지나가 왼쪽 겨드랑이 앞에서 멈추게 하고 장심은 팔꿈치 부근에서는 위로, 겨드랑이에 도착해서는 아래로 한다(그림 152, 153).

② 중심이 앞으로 옮겨감에 따라서 왼발로 땅을 디딘 후 오른발을 들어 좌전방으로 차내고 왼손은 발바닥을 두들긴다. 이어서 오른발을 바깥으로 돌려차고 오른손은 오른발의 움직임을 좇아 좌상방에서 우하방으로 원호를 그리며 돌려내린다(그림 154).

그림 152　그림 153　그림 154

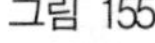

그림 155

그림 156

94) 쌍화루보(雙化摟步)

동작

① 위의 동작에 이어서 오른발로 비스듬하게 전방으로 한 척 정도 나간다. 왼손은 몸이 앞으로 이동하며 중심이 옮겨갈 때 아래에서 위로 호를 그리면서 뒤집는다. 오른손은 중심이 옮겨갈 때 장을 뒤집는다(그림 155).

② 이와 동시에 중심을 왼발에서 오른발로 옮기며 몸을 약간 앉히면서 오른손은 뒤로 호를 그리며 손목을 뒤집고 왼손은 왼발과 함께 오른쪽으로 돌리는데, 몸이 가라앉는 것과 동시에 오른손과 함께 몸 앞에서 십자로 교차시킨다(그림 156).

95) 대안조수(大雁操水)

동작

① 몸을 일으키면서 중심은 왼발로 담당하고 오른발은 천천히 들어올리고 두 손은 교차한 상태에서 위로 들어올려 나누어서 십자분각과 같은 자

그림 157　　　그림 158

세를 이룬다(그림 157).

② 다리를 떨어뜨린 후 누슬유보의 식을 이룬다(그림 158).

요점

① 두 손을 각자 다르게 뒤집으면서 팔목을 돌리는 것이 이 식에서 나타난다. 동작을 할 때 손의 움직임은 둥글어야 하며 앉았다 일어나는 몸의 움직임과 일치해야 한다.

② 몸을 아래위로 움직일 때에 머리와 몸은 직선을 이루고 중심을 유지해야 하며, 연습할 때에는 천천히 하고 실제로 사용할 때에는 빨리 한다.

96) 전신지당(轉身指襠)

동작

이는 제88식 진보지당(進步指襠)의 중복이다(그림 159).

97) 원보람의(圓步攬衣)

그림 159

동작

동작은 제32식인 진람작미(進攬雀尾)와 기본적으로 같다. 단지 보폭은 원호를 그리며 발을 딛고 아래로 누를 때에는 360도 돌린다.

98) 구말순장(勾抹順掌)

동작

이는 제4식 순락단편과 같다.

99) 운수단편(雲手單鞭)

동작

제34식 좌우운수와 제35식 단편휘추를 합한 것이다.

100) 퇴창망월(推窓望月)

동작

① 허리와 몸은 오른쪽으로 돌리며 오른손의 구수(勾手)는 장(掌)으로 변화시켜 안으로 한 바퀴 돌리고, 아래에서 오른쪽 갈비 근처로 다시 올리며 장을 뒤집어 원을 그리면서 내보낸다. 이어서 왼손은 왼쪽 위에서 오른쪽으로 몸을 돌림과 동시에 오른쪽 아래로 내리누른다. 동시에 왼발과 왼손을 같이 움직여 오른발 앞으로 한 보 내보낸다. 이어서 오른손과 오른발을 앞으로 내는데, 오른손은 왼쪽 팔꿈치에서 팔목까지 팔 위를 구

그림 160　　그림 161

르듯이 움직여 나가고, 오른발은 땅을 딛은 후 중심을 담당하게 하여 우궁보를 이룬다(그림 160).

② 오른손은 구수로 변화시키고 허리의 긴장을 풀면서 몸을 아래로 낮추어 하세(下勢)를 이루고, 왼손은 몸이 아래로 가라앉을 때 위에서 아래로 호를 그리면서 몸 앞에서 사타구니를 지나게 하여 왼쪽 무릎 옆에 놓고 장(掌)을 세운다. 왼손 다섯 손가락을 위로 끌면서 몸을 일으키고 중심을 왼쪽다리로 움직여 좌궁보를 이루고, 오른손은 이를 따라서 아래로 내려보낸다(그림 161).

요점

① 이 식은 제67식 퇴두부식이 시작되는 몇 가지 동작의 변형이다.

② 걸음 사이의 크기나 몸을 아래로 내릴 때의 높이는 스스로 적당하게 정하고 중심을 유지한다.

101) 상보칠성(上步七星)

동작

중심을 왼발로 옮기고 왼발은 고관절을 구부려 앞으로 궁보(弓步)를 이룬다. 왼손으로는 위로 호를 그리며 허리와 몸은 계속해서 왼쪽으로 조금 돌리고 오른손과 오른발은 오른쪽에서 왼쪽으로 함께 움직여 간다. 오른손은 권으로 변화시켜서 오른쪽에서 아래쪽으로 다시 왼쪽으로 호를 그리면서 위로 올라가게 하는데, 주먹의 바닥 쪽이 위로 오게 하여 코와 나란히 하고 왼손은 떨치듯 눌러서 오른쪽 팔꿈치 위에 둔다. 오른발을 앞으로 쭉 뻗어 차고 몸을 낮추어 중심을 유지하면서 머리는 바로 세우고 눈은 오른쪽 주먹의 위쪽을 본다(그림 162).

요점

① 몸이 흔들려서는 안 되며 상체는 곧게 세운다. 두 팔은 모두 호형을 그리며, 왼손은 먼저 장(掌)을 세워 호를 그리며 찌르고 이어서 손목을 뒤집어 떨치듯 내리누른다. 오른손 권(拳)은 타격을 위해 사용되는데, 마치 붕의 자세를 취하는 듯하여 타격하는 자세가 지나치게 드러나지 않도록 한다.

용법

이 식은 방어를 위주로 하지만 변화하여 진격할 수도 있다. 칠성은 인체의 머리·어깨·팔꿈치·손·고관절·무릎·발의 일곱 가지 부위를 말하는데, 이런 부위와 몸이 앞으로 나가는 정체적인 동작을 결

그림 162

합하여 여러 가지 공격방법을 사용한다. 상대방이 오른손으로 내 왼쪽 팔목을 잡으면 나는 팔을 아래로 내리면서 몸이 앞으로 나가며 일어나 다른 손으로 상대방의 가슴을 치고 오른발로는 상대방의 아랫부분을 걸어찬다.

그림 163

102) 퇴보과호(退步跨虎)

동작

중심과 왼발은 움직이지 않는다. 허리와 고관절의 힘을 빼고 오른발을 끌어들여 원래의 자리에 놓으며 오른손은 몸을 따라 약간 오른쪽으로 돌리고 팔을 회전한 후에 다시 안으로 돌려 위쪽으로 때려나간다. 호구의 부위가 몸을 향하게 하고 왼손은 가슴 앞에서 왼쪽 아래로 내려 왼쪽 무릎 위에 둔다(그림 163).

요점

① 발이 뒤로 물러날 때 오른발이 땅을 닿는 지점에 주의하고 발끝이 먼저 떨어져야 하며 앞발과 직선이 되지 않도록 주의한다.

② 오른쪽 주먹을 끌어들일 때와 나갈 때 모두 원형의 운동을 한다.

103) 쌍선파련(雙旋擺蓮)

동작

① 허리와 몸을 오른쪽으로 돌리고 중심을 조금씩 오른발로 옮기며 동시에 오른쪽 주먹은 조금씩 장으로 바꾸어 아래로 호를 그려서 고관절 옆

에 두고, 왼손은 밖에서 위로 다시 안으로 하여 몸을 따라서 호를 그린다(그림 164).

그림 164

② 중심을 오른쪽으로 옮긴 후 오른발을 축으로 하여 왼발을 들고 허리와 고관절의 움직임을 따라 왼발을 왼쪽에서 오른쪽으로 움직여 가는데 몸을 움직이는 각도는 360도이다. 그 중 신체가 움직이는 폭은 90도이고 다리가 움직여 가는 동작의 폭은 270도이다. 왼발은 본래의 위치에서 들어올린 후 360도를 돌려 본래의 자리로 돌아오게 한다. 양쪽 손바닥은 계속하여 몸의 움직임과 다리의 동작을 따라 호를 그리고 왼쪽 발바닥을 두들긴 후 오른쪽 손바닥은 호를 그리며 이마 앞에 오게 하는데, 장심을 바깥쪽으로 한다. 왼쪽 손바닥은 호를 그리면서 왼쪽으로 어깨 높이로 바로 세운다.

③ 왼발이 땅을 딛은 후 무릎을 약간 구부려 중심을 담당하게 하고 허리는 왼쪽에서 오른쪽으로 돌린다. 오른발은 왼쪽에서 우상방으로 호형을 그리면서 차고 무릎은 자연스럽게 긴장을 푼다. 다리의 높이는 양쪽 어깨의 사이가 되게 하고 발등은 약간 오른쪽으로 향하며 동시에 양쪽 손바닥은 오른쪽에서 왼쪽으로 움직여 오른쪽 발바닥을 때리고 호형을 그리며 나가게 한다. 발바닥을 때릴 때 몸을 오른쪽에서 왼쪽으로 돌리고 머리를 바로 하며 눈은 발바닥을 때리는 것을 바라본다.

용법

만약 상대방이 두 손으로 나의 정면을 공격해 오면, 나는 두 손을 나누어 그 공세를 봉쇄하고 채(採)와 열(挒)의 힘을 사용하여 상대방을 때린다. 만약 상대방이 오른쪽이나 혹은 뒤에서 공격해 오면 나는 두 팔을 돌려 상대방의 공격을 봉쇄하면서 때린다. 왼발은 돌아가는 힘을 이용하여 적의 중하부를 공격한다.

그림 165

104) **만궁사호(彎弓射虎)**

동작

왼발을 내어 조금씩 아래로 몸을 낮추고 오른발은 원래의 자리에 내려놓는다. 두 손은 몸을 돌림에 따라서 왼쪽으로 가고 오른팔은 이를 따라서 장심을 위로 뒤집으며 밖으로 돌린다. 팔꿈치를 구부려 머리 위에 두고 왼손은 좌전방을 향하여 어깨높이로 밀어나간다. 눈은 왼쪽 손바닥을 쫓아간다(그림 165).

요점

오른쪽 팔꿈치는 너무 들어올리지 않도록 하고 어깨는 긴장을 풀고 아래로 떨어뜨린다.

105) **단봉조양(丹鳳朝陽)**

동작

(1) 우조양(右朝陽)

허리와 몸을 왼쪽으로 돌리면서 왼발을 들어 밖으로 45도 돌리고 중심을 왼쪽에 둔다. 몸의 움직임을 따라서 오른손과 오른발을 함께 내보내는데, 오른손은 권으로 바꾸어 위에서 아래로 다시 바깥쪽으로 팔을 돌리면서 호를 그리며 나간다. 주먹의 높이는 눈썹과 같게 하고 호구 부위는 안쪽을 향하게 한다. 오른발은 왼쪽 복숭아 뼈 바깥쪽에서 좌전방을 향하여 호를 그리고 한 척 정도 되는 지점에 허보로 땅을 딛으며 눈은 오른쪽 주먹의 앞을 본다(그림 166).

(2) 좌조양(左朝陽)

오른쪽다리를 점점 실(實)로 바꾸며 중심을 담당하게 하고 무릎을 약간 구부린다. 오른손은 권(拳)으로 바꾸어 호형을 그리면서 아래쪽으로 누르면서 배 앞으로 끌어당긴다. 동시에 허리와 몸을 오른쪽으로 돌리면서 왼손과 왼발을 같이 움직이는데, 왼손은 아래에서 위로 움직여 가며 안쪽으로 돌리며 장(掌)을 뒤집어 권으로 만들고 호형으로 쳐나가서 몸을 돌림과 동시에 왼쪽 머리 앞에 오게 하는데, 주먹의 높이는 눈썹 정도이고 호구 부위가 안으로 향하게 한다. 왼발은 오른발 복숭아뼈 바깥쪽을 거쳐 오른

그림 166

그림 167

쪽 앞을 향하여 호형을 그리면서 나가게 하는데, 거리는 한 척 정도이고 허보로 땅을 딛는다(그림 167).

용법

상대방이 나의 가슴을 향하여 주먹으로 공격해 오면 나는 한 손으로 위에서 아래로 내리누르거나 혹은 안에서 밖으로 떨쳐내면서 다른 쪽 손발이 함께 나가 손은 상대의 머리를 가격하고 발은 상대의 하부를 공격한다.

106) 독립반추(獨立搬捶)

동작

중심을 왼발로 옮기고 몸을 앞으로 옮겨서 바로 일으키며 약간 왼쪽으로 돌린다. 오른손과 오른발은 몸을 왼쪽으로 돌릴 때 오른발을 들어 좌각독립식(左脚獨立式)을 이루고 양손은 가슴 앞에서 원을 그려 교차시킨 후 오른손은 아랫배의 앞에 장심을 위로 하여 두고 왼손은 다리의 앞에서 장심을 마주보게 하여 공을 끌어안은 듯한 모양을 이룬다(그림 168).

그림 168

그림 169

오른손과 오른발은 몸을 왼쪽으로 돌림에 따라 왼쪽으로 호를 그리면서 나가서 제32식의 반란추(搬攔捶)와 같아지게 한다(그림 169). 요령과 용법은 제13식을 참고한다.

그림 170

107) **여봉사폐(如封似閉)**

동작

제14식과 같다(그림 170).

108) **십자화수(十字化手)**

동작

만약 계속하여 두 번 연습하려고 하면 제15식 십자피홍(十字披紅)의 두 번째 동작인 십자분피(十字分披)를 태극예비식으로 변화시켜서 기침단전(氣沈丹田)부터 시작하여 다시 한 번 연습하고, 만약 끝을 내려면 여봉사폐(如封似閉) 후에 십자피홍(十字披紅)의 동작인 측가십자(側架十字)를 한 후 왼발을 끌어들이며 몸을 바로 세우고 기를 아랫배로 내린 후 천지합일을 완성하며 끝낸다(그림 171~176).

요점

① 모든 태극권의 투로(套路)가 끝날 때에는 마음이 평화롭게 기가 조화되어 전신이 자연스럽게 이완되고 관절들도 이완된다.

② 기가 단전으로 돌아갈 때에는 머리와 몸을 바로 세우고 치우침이 없도록 하고 두 팔은 자연스럽게 내려뜨린다.

그림 171 그림 172

그림 173 그림 174

그림 175

그림 176

제5절 태극퇴수(太極推手)

1. 태극퇴수의 설명

태극퇴수는 태극권의 투로(套路)를 숙련시킨 후에 두 사람이 기본적인 수법에 따라서 대련을 진행하는 것을 말한다. 먼저 장을 단련하고 허리와 몸의 전체적인 운동과 청경(聽勁), 동경(懂勁), 화경(化勁) 등을 연마하는 것이다. 이런 방식은 태극권의 연습에 있어서 하나의 중간과정이다. 이것은 태극권 투로의 표준 정도를 검증함과 동시에 몸과 손을 단련하여 신체 근육과 정신의 안정을 가져다주는 좋은 효과를 얻을 수 있다. 태극권술은 역대 조사와 권법가들의 끊임없는 연구를 통해 독특하고 완전한 권술 이론을 갖추게 되었다. 태극권술은 자고 이래로 보건과 무술이 같이 결합되어 있어 투로와 퇴수를 연마하는 것으로 권법상의 기술을 이루는 본질적인 목적을 달성함과 동시에 참장을 통해 내기와 내경을 기른다. 옛날『권경』에 이르기를 "투로를 연마하는 것이 바로 실전이다"라고 했는데, 투로를 연마하는 것은 스스로를 알고자 하는 훈련이다. 태극권의 투로를 연마할 때에는 매 순간마다 다른 사람과 실제로 대련하고 있다고 생각해야 한다. 한편 퇴수는 다른 사람을 아는 공부의 단련이다. 한 방면으로는 스스로의 투로에 대한 연습이 정확하고 실용적인지에 대한 검증이고, 다른 한 방면으로는 퇴수의 과정 중에서 사람을 치고 잡고 떨쳐내는 기술을 익혀서 지피지기를 이루며, 그 후에 "적은 나를 몰라도 나는 적을 안다"는 경지에 이르고자 함이다. 따라서 태극권의 퇴수를 할 때에는 투로에서 총결한 각종의 내경과 기법을 영활하게 운영해야 한다. 태극권법은 반드시 먼저 투로를 숙련시킨 후에 퇴수를 연마하여 실용할 수가 있는 기초를 닦아야 하며, 그런 다음에 투로와 퇴수가 서로 결합해야 서로의 부족을 메울 수 있게 된다. 태극권에서는 이처럼 투로와 퇴수에 대한 무한한 반복학습을 통하여 태극권에 대한 이해를 깊게 하고 공력을 길러서 청경, 동경, 화경 등의 기교를 완전히 장악하고 언제든지 화경과 발경(發勁) 등을 할 수 있는 목적에 도달하게 된다.

무당삼봉태극권의 퇴수는 전체 투로의 동작을 기본으로 하는데, 실제로는 본래 고정적인 퇴수방법이 있는 것이 아니라 투로를 분석하고 변화시켜서 연습하는 것으로, 먼저 느리게 나중에 빠르게 연습하면서 점차적으로 각종 초식을 장악해야 한다. 그렇지만 배우는 사람들의 필요에 의하여 각종 정형화된 형식의 퇴수 투로가 생기게 되었다. 퇴수는 아주 오랜 시간을 투자하는 단련이 필요하다. 장의 기술을 점점 단련하여 전신 하나하나의 부위에 대하여 자기의 몸을 알고 진정으로 온몸이 하나가 되었을 때 비로소 퇴수의 과정이 끝난 것으로 보아야 할 정도이다. 퇴수의 단련은 이처럼 무수한 반복이 필요하기 때문에 장기간에 걸친 퇴수 훈련은 또 여러 가지 복잡한 형식으로 진행되기도 한다. 그렇지만 그 방식이 아무리 복잡하더라도 제일 중요한 것은 먼저 이치를 안 후에 몸이 그것을 느끼는 것이다. 아래에서는 무당삼봉태극권 퇴수의 방식에 대하여 소개하고자 한다.

2. 사정퇴수법

사정퇴수는 붕(掤), 리(擺), 제(擠), 안(按)의 네 가지 수법을 사용하는 퇴수의 기본방식으로 쌍퇴수를 연습하는 입문공부이다. 사정퇴수를 연습하는 것을 통하여 붕, 리, 제, 안의 응용을 충분히 이해하고 아울러 청경, 화경, 발경 등의 기술을 훈련하는 것이다. 여기에는 발을 고정시킨 채 하는 훈련과 움직이면서 하는 훈련의 두 가지가 있다. 움직이면서 하는 훈련은 진퇴할 때 서로 호형을 그리면서 들어가거나 물러나며 순서에 따라서 진행한다.

(1) 예비식 : 갑과 을은 서로 마주보고 서는데 거리는 약 2보이다. 각자 바로 선 자세에서 왼발을 틀어 좌측으로 한 보씩 내딛고 태극예비식의 모양으로 선다.

(2) 호붕(互掤) : 갑과 을은 오른손을 뻗어 손등을 마주된다. 왼손은 상대의 오른쪽 팔꿈치 옆에다 갖다 댄다. 서로 상대의 얼굴을 주시하면서 붕경

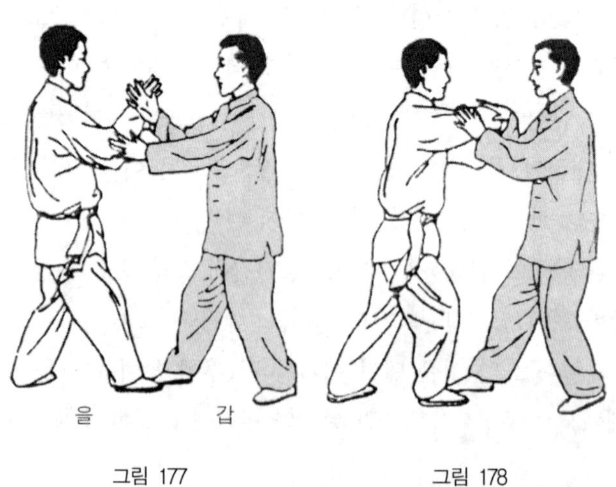

그림 177 그림 178

을 사용한다(그림 177).

(3) 갑리(甲攦) : 을은 오른쪽 무릎을 구부려 궁보가 되고 오른손을 전상방으로 뻗어 붕(掤)이 된다. 갑은 을을 따라 먼저 붕의 자세가 되었다가 중심을 뒤로 옮기면서 오른쪽 손바닥을 안으로 뒤집어 을의 오른손목을 가볍게 누르면서 우후방으로 리(攦)의 자세가 된다. 왼손은 을의 오른쪽 팔꿈치에 갖다 대어 리의 자세를 돕는다(그림 178).

(4) 을제(乙擠) : 을은 갑의 리세(攦勢)를 따라 오른팔을 구부리며 왼손은 갑의 오른쪽 팔꿈치를 벗어나 오른팔 앞쪽의 안으로 옮기고 궁보로 하고 오른팔의 외측으로 갑을 민다. 왼손의 장심은 앞으로 향하며, 오른팔 안쪽을 쓰다듬으며 제의 자세를 보조하고 갑의 양손이 밀려서 가슴 앞에 오도록 한다(그림 179).

(5) 갑안(甲按) : 갑은 을의 제에 순응하여 두 손을 을의 오른팔에 대고 대로 뒤로 중심을 이동하며 을의 재경(擠勁)을 없애고 다시 오른쪽 무릎을 구부려 양쪽 손바닥을 앞으로 밀어 을의 오른팔을 누른다. 을은 그를

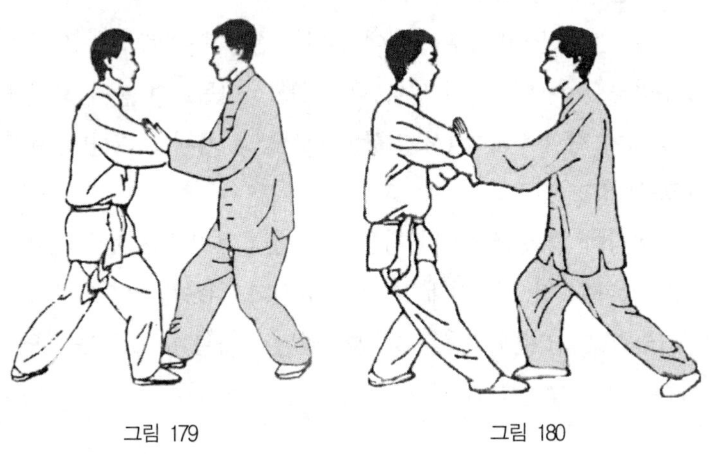

그림 179　　그림 180

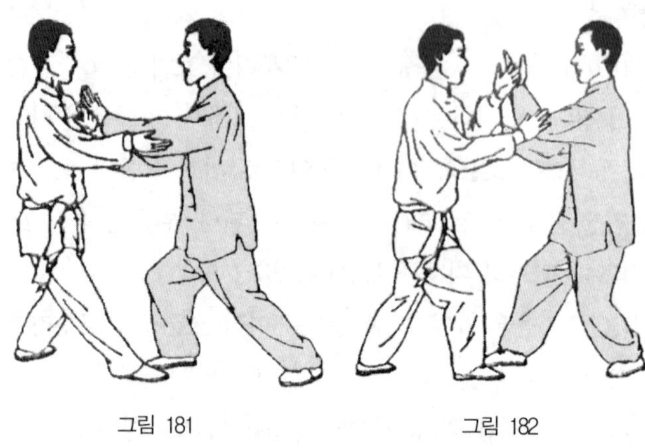

그림 181 그림 182

따라서 왼발을 낮추며 몸을 뒤로 이동시켜서 갑의 안경(按勁)을 흩뜨린다(그림 180).

(6) 을붕(乙掤) : ① 을은 왼손의 손등을 갑의 왼쪽 손바닥에 붙이고 왼쪽 팔꿈치로 갑의 오른쪽 손바닥을 받는다. 동시에 을은 오른팔을 갑의 양손으로부터 분리시켜 아래에서 위로 둥글게 나간다. 장심은 갑의 왼쪽 팔꿈치를 받쳐든다(그림 181).

② 을은 손을 전상방으로 움직여 갑의 왼손을 붕으로 막고 오른쪽 무릎을 구부려 오른손으로 갑의 왼쪽 팔꿈치를 쓰다듬으며 붕의 자세를 보조한다. 동시에 갑의 왼손 역시 전상방으로 붕의 자세를 취하며 서로 붕이 된다(그림 182).

위의 동작이 한 번 끝이 난 다음 서로 순서를 바꾸어 반복해서 연습한다. 위에 소개한 것들은 시계방향의 연습인데, 역시계 방향으로 연습하는 것도 가능하다. 그밖에 좌우의 다리가 앞뒤로 바뀔 수도 있는데 연습방법은 똑같다.

3. 사우퇴수(四隅堆手)

사우퇴수법은 채(採), 열(挒), 주(肘), 고(靠) 네 가지 종류의 경력을 연습하는 방법이다. 공격방위가 동북, 동남, 서남, 서북의 네 가지이기 때문에 사우퇴수라고 한다.

(1) 예비세 : 갑과 을은 마주보고 바로 서는데 상호간의 거리는 1보로 한다. 쌍방은 오른손을 뻗어 팔꿈치를 구부린 채로 손등을 서로 마주본다. 왼손은 각자 상대의 오른쪽 팔꿈치 근처에 두고 서로 마주본다(그림 183).

(2) 갑은 오른손을 안으로 뒤집어 을의 오른쪽 손목을 끌어당기고 오른발은 동쪽을 향해 1보 물러나며 왼손은 을의 오른쪽 팔꿈치에서 떨어져서 왼쪽 고관절 옆을 누른다. 을은 이 자세를 따라 오른발이 동쪽으로 1보 나가서 갑의 왼발 안쪽에 딛고 왼손은 갑의 오른쪽 팔꿈치에서 벗어나 왼쪽 고관절 옆을 누른다(그림 184).

그림 183

그림 184

(3) 갑은 오른손으로 계속하여 을의 오른쪽 손목을 끌어당기고 왼발은 동남쪽으로 1보 후퇴시킨다. 왼손은 위로 들어 열(捩)의 자세를 준비한다. 을은 왼발을 동쪽으로 1보 내보내어 갑의 오른발이 바깥쪽에 내딛고 몸을 오른쪽으로 돌리면서 왼손의 장을 들어 주고(肘靠)를 준비한다(그림 185).

(4) 갑은 오른발을 동남쪽으로 1보 후퇴시키고 무릎을 굽혀 반마보(半馬步)가 되며 오른손으로는 을의 오른쪽 팔목을 끌어당기고 왼손으로는 을의 오른팔을 떠받치며 을에게 열(捩)의 공격을 가한다. 을은 열의 세를 따라 오른발을 동남쪽으로 1보 내어 갑의 왼발 안쪽에 딛고 무릎을 구부려 우궁보를 이룬다. 오른팔은 팔꿈치를 구부리며 장을 뒤집어 아래로 하며 팔꿈치, 어깨, 머리의 고(靠)를 이용하여 갑의 열을 흩트린다. 동시에 을은 왼손이 오른팔의 안쪽에서 팔꿈치를 잡아 주고(肘靠)의 기세를 보조한다(그림 186).

(5) 갑은 오른쪽 손바닥을 휘둘러 을의 얼굴을 향해 일격하면서 을의 주고를 흩뜨린다. 을은 왼손을 갑의 오른팔 안쪽으로 뻗어 손등을 갑의 오른

그림 185

그림 186

쪽 팔목에 가져다 대고 갑이 얼굴을 향해서 공격해 오는 손바닥을 흩뜨린다(그림 187).

(6) 을은 오른발을 북쪽을 향해 1보 움직이며 동시에 오른손을 위로 들어 갑의 오른팔 바깥쪽에서 손등으로 갑의 오른쪽 팔목에 붙인다. 왼손은 갑의 오른손에서 벗어나 아래로 왼쪽 고관절 옆을 누른다. 동시에 갑은 오른발을 북쪽으로 향해 한 보 내딛고 을의 오른발이 바깥쪽에 떨어지게 한다. 왼손은 왼쪽 고관절 옆에 내려놓는다(그림 188).

(7) 을은 오른손을 안으로 뒤집어 갑의 오른쪽 손목을 잡아당기고 왼발은 동북쪽으로 1보 내딛으며 몸을 오른쪽으로 돌린다. 동시에 갑은 몸을 오른쪽으로 돌리며 왼발을 북쪽으로 1보 내딛어 을의 오른발이 바깥쪽에 떨어지게 한다(그림 189).

(8) 을은 오른발을 동북쪽으로 1보 후퇴시키고 무릎을 굽히며 아래로 앉아 반마보를 이루고 오른손으로는 갑의 오른팔을 잡아당기며 갑에게 열(挒)의 공격을 가한다. 동시에 왼손을 갑의 오른팔에 갖다대면서 열의

그림 187

그림 188

그림 189　　　　그림 190

자세를 보조한다. 갑은 열의 자세를 따라 오른발을 동북쪽으로 1보 내딛으며 을의 사타구니 안으로 다리를 밀어 넣으며 오른쪽 무릎을 구부리고 오른팔로는 팔꿈치를 구부려 장을 뒤집고 아래쪽을 향하게 하며 을에게 고(靠)의 공격을 가한다. 동시에 왼손으로는 오른팔의 안쪽을 부축하여 주고(肘靠)의 자세를 보조한다(그림 190).

(9) 을은 (5)·(6)·(7)·(8)의 갑의 동작을 중복하고 갑은 (5)·(6)·(7)·(8)의 을의 동작을 중복하는데, 단지 방향은 서북쪽이다(그림 191~194).

(10) 갑과 을은 모두 (5)·(6)·(7)·(8)의 동작을 중복하는데 단지 방향은 서남쪽이 된다(그림 195~198).

이렇게 반복하여 연습을 계속한다. 사우퇴수 역시 반대방향으로 연습할 수 있는데 방법은 같다. 사정과 사우의 퇴수법을 숙련시킨 이후에는 태극퇴수의 실전연습에 들어갈 수 있다(북경대학출판사에서 나온 지조(志釣)의 『태극권퇴수수련(太極拳堆手修鍊)』을 참고하라).

그림 191

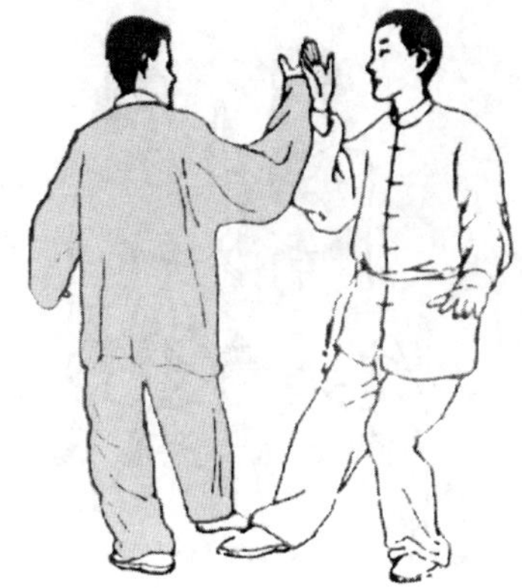

그림 192

그림 193

그림 194

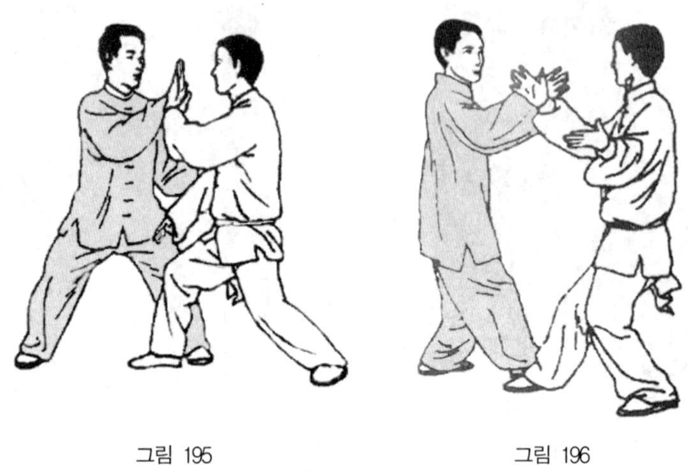

그림 195　　그림 196

그림 197　　그림 198

저자 후기

필자가 태극권에 대해 관심을 가지고 연마하기 시작한 것은 1980년대 초였지만, 이 책에 대한 구상을 한 것은 1990년대 중반이었다. 그 후 사회 각계각층의 요구와 격려에 의해 약 2년의 시간을 들여서 이 원고를 탈고하게 되었다.

필자는 태극권의 수련과정과 개인의 종교체험 과정 중에서 도교의 이치와 태극권이 아주 밀접한 관계를 가지고 있는 것을 발견했고, 아울러 태극권의 전승(傳乘)과 공법(功法)의 원리가 모두 도교문화에 바탕을 두고 있지만, 종교의 신비적인 활동과 무술을 드러내고자 하지 않는 분위기가 겹쳐 이론적인 자료가 남아 있는 것이 무척 적은 관계로 이론과 전승에 대해 계통적으로 충분히 밝히는 것이 불가능하다는 것도 알게 되었다. 따라서 나는 몇몇의 늙은 도교 수행자와 도교 내외의 여러 사부님들의 지도 아래, 중국의 오래된 종교인 도교와 태극권의 관계에 대해 다방면으로 연구하고 조심스럽게 증거를 구하여 이렇게 대담하게 펼쳐놓게 되었다. 비록 완전하지는 못하지만 여러분의 가르침을 기다린다. 아울러 사부로부터 전해져 내려오던 태극권의 내용을 정리하여 함께 실으니 이것은 필자가 독자 여러분에게 드리는 가벼운 예물이다.

필자는 도(道)와 인연이 있어 입문한 지는 얼마 되지 않았지만 다행히 혜안(慧眼)과 근기(根基)를 두루 갖춘 많은 분들을 만나게 되어 이 책을 저술할 때 많은 분들의 지원을 얻을 수 있었다. 전국정협의 상무위원이자 도교협회의 회장이신 민지형 대사는 바쁘신 와중에서도 본인을 위하여 원고를 고쳐주시고 글을 남겨주셨다. 마찬가지로 전국정협의 상무위원이자 전국청년연맹의 부주석이자 도교협회의 부회장이신 장계우 도장 역시 흔쾌히 글을 남겨주셨다. 전국정협 위원이시고 중국도교협회의 부회장이시며 협서성 도교협회회장이시고 누관대의 감원이신 임법융 대사는 계속 관심을 가시고 지켜봐 주셨으며 서문을 써주셨다. 전국정협 위원이시고 중국도교협회의 부회장이시며 무당의 장문이신 왕광덕 사부님은 원고를 보아주시고 고쳐주셨으며 서문을 써주시기도 하였다. 무당산권법 연구회의 담대강 노사와 『무당』 잡지의 고비 부주편(副主編) 두 분은 좋은 의견을 내어주셨다.

특히 출판 과정에서 한국 금선학회의 최병주 회장님과 홍콩 담조자선기

금의 담조 선생님이 큰 도움을 주셨다. 그리고 중국도교협회의 황신양 부회장, 원병동 비서장, 원지홍 교무주임, 손동창 외련주임, 중국도교대학의 진조강 료무장 및 주고덕 등 여러 노사님과 중국도교협회 문화연구소의 전성계, 장흥발 도장과 윤지화, 장위문 두 분의 노사님, 인민체육출판사의 편집위원이신 장건림, <중국도교>의 윤육정, 북경 백운관의 이우림 도장과 여러 도우님들이 모두 열정적인 도움을 주셨다. 이 자리를 빌어 모든 분에게 진심 어린 감사를 표하는 바이다.

본인의 재능이 얕고 공부가 깊지 못하여 잘못된 점이 있다면 여러분들의 많은 가르침을 기다린다.

2000년 1월

금선학회

금선학회는 儒·佛·仙 옛 선인들이 후손에게 전하신 민족 고유의 심신 수련법을 복원·계승·발전시키고자 국내외의 많은 眞人과 교류하며 연구와 수련에 매진하고 있으며, 현재는 중국 도가 전진도 용문파의 18대 계승자인 왕리핑 선생과의 교류를 통하여 정통 선도를 연구하고 후진들의 양성에 힘을 기울이고 있다.

특히 금선학회에서는 매주 화·목요일 무당태극권을 수련합니다. 관심이 있는 분은 아래 연락처로 연락 바랍니다.

무당태극권 VCD도 판매합니다.

판매처(사당본원) : 02) 512 - 7233, 512 - 7057

기의 세계 21

武當三丰 太極拳

무당삼봉태극권

2001년 11월 15일 인쇄
2001년 11월 20일 발행

저 자 · 유 사 전
편역자 · 금 선 학 회
발행인 · 이 재 연
발행처 · 여강출판사

121 - 110 서울시 마포구 신수동 340 - 1
전 화 · (02) 3274 - 0037~8
전 송 · (02) 3274 - 0039
등록 제10 - 1978호 (2000. 6. 3)

값 10,000원
ISBN 89 - 7448 - 192 - 8 93150